Ludger Pesch

Moderation und Gesprächsführung

Die Reihe **TEAM- UND ORGANISATIONSENTWICKLUNG PRAKTISCH** wird herausgegeben von Ludger Pesch und Verena Sommerfeld

Ludger Pesch

Moderation und Gesprächsführung

Wie Kindergärten TOP werden

Beltz Verlag · Weinheim, Basel, Berlin

BELTZ

Ihre Wünsche, Kritiken und Fragen richten Sie bitte an:
Beltz Verlag, Fachverlag Soziale Arbeit, Erziehung und Pflege,
Werderstr. 10, 69469 Weinheim

ISBN 3-407-56076-1

1. Auflage 2001

03 04 05 5 4 3 2

Lektorat und Redaktion: Eva Grüber, Claudia von Zglinicki, Berlin
Herstellung: Monika Bock, Berlin
Gestaltung und Satz: Jens Klennert, Tania Miguez, Kiliansroda
Titelbild: Ryo Konno/photonica
Druck und Bindung: Druckhaus »Thomas Müntzer«, Bad Langensalza
Printed in Germany

Weitere Informationen finden Sie im Internet unter
http://www.beltz.de

Inhalt

Vorwort	8
1. Persönliche **Einleitung**	10
2. **Erste praktische Übung** mit einem Verfahren der Moderation	13
3. Eine **missglückte Teamsitzung**	16
4. Die **Besprechung – anders gestaltet**	21
5. **Vorteile, Stärken und Grenzen** der Moderationsmethode – fiktives Gespräch mit den Leserinnen und Lesern	30
6. **Die Moderator/innen** und die Gruppe	36
Die Haltung der Moderator/innen	36
Regeln für Moderator/innen	38
Leitung, Moderation und Präsentation	39
Wer kann moderieren?	41
Rolle und Aufgaben der Gruppe	44
7. **Vorbereitung** der Moderation	45
Was ist das Ziel der Besprechung?	45
In welcher Situation befindet sich die Gruppe?	47
Wie gestalten Sie den Ablauf?	48
Welche Materialien und Rahmenbedingungen brauchen Sie?	49

8. Medien und Formen der **Visualisierung** 51
Vorteile der Visualisierung 51
Medien der Visualisierung 53
Pinwand und Packpapier 53
Flipchart 54
Moderationskarten 54
Filzschreiber 56
Klebepunkte 57
Weitere Hilfsmittel 57
Aufbewahrung der Medien 57
Schrifttechnik und optische Gestaltung 58

9. Der **Ablauf** der Moderation 62
Die Einleitung 62
Der Hauptteil 63
Abschluss und Besprechungsprotokoll 66
Überblick über eine Moderationssequenz 67

10. **Frageformen, Arbeitsformen** und ihre Moderierung 69
Einpunktfragen 69
Zuruf-Fragen 71
Kartenabfragen 72
Mehrpunktfragen 75
Kleingruppenarbeit 77
Diskussion innerhalb der Moderation 79
Tätigkeitskatalog 80
Weitere Formen der Ergebnissicherung 82
Rundgespräch 85

11. **Beispiele** für Moderationssequenzen 87
Offene Teambesprechung 87
Auswahl von Bewerber/innen 88
Planung eines Sommerfestes 90
Einführung der Kollegialen Beratung 91

Projektplanung in der Kleingruppe 93
Leitungswechsel 94
Elternversammlung 95
Diskussion eines Vortrags 96
Teamanalyse 97

12. **Hintergründe** der Moderationsmethode 99

13. **Gesprächsführung:** Grundlagen und Hinweise 103
Checkliste zur Gestaltung von Dienstbesprechungen 103
Verständlichkeit 106
Ausbalanciertes Gesprächsverhalten – das TZI-Modell 107
Spielregeln für Besprechungen 108
Störungen menschlicher Kommunikation 109
Die vier Seiten einer Nachricht 111

14. **Weitere aktivierende Verfahren** für Besprechungen 114
Brainstorming 115
Brainwriting/Methode 6-3-5 115
Pro-und-Contra-Diskussion 116
Fallbesprechung 118
Kollegiale Beratung 119
Denkhüte 122
Force-Fit-Übung 124

15. **Regiekarten** für die Moderation 126

16. Kommentierte **Literaturliste** 135

17. **Stichwortverzeichnis** 140

Über den **Autor** 145

Vorwort

Mit den Büchern der TOP-Reihe »Team- und Organisationsentwicklung praktisch« wollen wir Ihnen als Leiterinnen und Leitern, als Fachleuten aus Beratung und Verwaltung Denkanstöße und Hilfen für die Entwicklung von Kindertagesstätten geben. Perspektive ist dabei ein Kindergarten, der für Mitarbeiterinnen, für Kinder und ihre Familien eine angenehme und anregungsreiche Umgebung ist, in der gern gelebt und gelernt wird.

Kindergärten können heute die vielfältigen gewohnten und neuen Anforderungen nur dann bewältigen, wenn sich das Team als »Problemlösungs-Team« versteht, das seine Arbeitsweise und sein Konzept immer wieder den sich verändernden Bedingungen und Situationen anpasst. Dazu gehört auch eine Herausforderung, die auf viele Ganztagseinrichtungen zukommt: Die Differenzierung der Aufenthaltszeit von Kindern und längere Öffnungszeiten führen zum Schichtdienst und häufiger als bisher zu Teilzeitarbeitsplätzen. Der Betrieb der Tagesstätte wird dann möglicherweise ähnlich dem in Heimen und Krankenhäusern organisiert; die Kolleginnen und Kollegen sehen sich nicht mehr jeden Tag oder geben sich nur noch »die Klinke in die Hand«. Sitzungen des ganzen Teams werden seltener, die Bedeutung von Kleingruppenarbeit und schriftlichen Mitteilungen nimmt zu. Damit wachsen die Anforderungen an die Kultur der Besprechungen und die Besprechungsorganisation. Mehr als bisher heißt es dadurch für Sie als Leiterin oder Berater, mit der knappen Zeit effektiv umzugehen.

Teamsitzungen und Besprechungen gehören nicht überall zum beliebten Teil der Arbeit. Ein Problem in kurzer Zeit auf den Punkt zu bringen und schnell zu gemeinsamen Ergebnissen zu kommen, das ist schon eine Kunst. In einige Geheimnisse dieser Kunst weiht Ludger Pesch Sie mit diesem Buch ein. Der Band »Moderation und Gesprächsführung« stellt Ihnen grundlegendes Handwerkszeug zur Verfügung, mit dem Sie in Ihrer Kita eine lebendige Kommunikationskultur entwickeln können.

Im ersten Band der TOP-Reihe, dem Band »Team-Enwicklung«, haben Sie erfahren, wie wichtig Kommunikations- und Kooperationsfähigkeiten für die Entwicklung des Teams sind. In diesem Band verbindet der Autor die Beschreibung von Moderations-Methoden mit grundsätzlichen Überlegungen zu Teamarbeit und Führungsverhalten. Auch dieser Band ist deshalb mehr als ein Methodenkoffer. Er verdeutlicht, dass die Arbeitsweise eines Menschen auch eine Frage seiner Haltung und seiner Werte ist.

Verena Sommerfeld

1 Persönliche Einleitung

Nicht erst als Autor habe ich das »Sitzen« gelernt. Schon meine Zeit als ehrenamtlicher Mitarbeiter in der Jugendverbandsarbeit war geprägt von Gremien-, Projektgruppen- und anderen Arbeits-Sitzungen. Als Jugendliche hatten wir Zeit dafür und wollten unsere Interessen beharrlich vertreten. Wenn Konferenzen gar nicht enden wollten, sprachen wir manchmal selbstironisch vom »Sieg des Hinterns über den Geist«. Wir hatten gelernt, auch lange Gesprächsrunden auszuhalten und mit allen Tricks der Geschäftsordnung umzugehen. Denn neben der Interessenvertretung ging es auch darum, die Diskussionen professionell zu leiten und methodisch interessant zu gestalten.

Im Berufsleben traf ich, damit verglichen, auf eine oft öde Gesprächskultur. Es wird viel geredet und wenig festgehalten. Defensives Taktieren und persönliche Zurückhaltung prägen bisweilen die Atmosphäre von Konferenzen und Besprechungen. Entsprechend mager sind oft die Ergebnisse solcher Runden. Manchmal wird hinterher deutlich, dass Entscheidungen anderswo gefällt werden und das Ganze eher einem Ablenkungsmanöver gleicht; ich nenne so etwas dialogisierendes Hinhalten.

Im Bereich von Kindertageseinrichtungen gibt es noch ein anderes Problem: Die Zeit der Erzieher/innen wird traditionell aus den Faktoren Kinderzahl und Öffnungszeit errechnet. Das führt dazu, dass das Zeitkontingent für Besprechungen äußerst knapp ist. Oft ist es in der Personalbemessung gar nicht oder nur mit einem sehr geringen Anteil ausgewiesen. Besprechungszeit muss also erst einmal erwirtschaftet werden; manche Mitarbeiter/innen sagen: »Diese Zeit nehmen wir den Kindern weg.« (Womit sie ungewollt die traditionelle Rechnungsart bestätigen.) Im Kindergarten laufen deshalb die

Uhren anders als in mancher Behörde oder Verwaltung. Aufgrund der vielen täglichen Anforderungen kann sich der Kindergarten kein dialogisierendes Hinhalten leisten. Besprechungszeit ist hier kostbar. Aber das führt nicht schon wie von selbst zu einem effektiven Arbeitsstil.

Im Kindergarten treffen zwei Welten aufeinander: die rationalisierte Arbeitswelt und die Welt der Kinder. Kinder haben einen anderen Zeitbegriff als Erwachsene. Seine Merkmale sind die Wiederholung des (scheinbar) Immergleichen, Rückschritte als Fortschritte, überhaupt die Zeitlosigkeit. Gleichzeitig müssen Kinder mit den Erwachsenen und deren Welt zurechtkommen. Michael Ende hat dem in »Momo« literarischen Ausdruck gegeben.

Gegen die Einseitigkeit des Zeitrechnens und der Zweckrationalität wehren sich aber nicht nur die Kinder. Auch viele Erzieher/innen schätzen an ihrem Beruf, dass es nicht »wie mit der Stechuhr« zugeht, dass individuelle Bedürfnisse berücksichtigt werden können. Manche identifizieren sich aber sehr einseitig mit einem »lockeren Alltag«. Das bringt Probleme, wenn ich Diskussion, sachliche Aushandlung und Verbindlichkeit von Planungen erwarte.

Auf der Suche nach geeigneten Hilfen zu Verbesserung der Gesprächskultur begegnete ich der Moderationsmethode. Mein erster Moderationslehrer war Günter Biwer, der als Bürgermeister im hessischen Bad Vilbel Bürgerbeteiligung u.a. mit Hilfe dieser Methode erreicht. Er demonstrierte mir überzeugend, dass in der Methode mit den bunten Zetteln und großen Tafeln viele Möglichkeiten stecken. Ich erlebte, dass die Arbeit mit der Moderationsmethode Sitzende in Bewegung setzen, schlummernde Energien wecken, Mitarbeit fördern, viel Spaß machen kann – und Ziele erreichen lässt.

Ich danke Günter Biwer für diese motivierenden Entdeckungen und den Teilnehmer/innen meiner Moderationsseminare, mit denen ich dazulernen konnte.

Dieses Buch ist so aufgebaut, dass es Sie Schritt für Schritt in die Grundlagen und das Methodeninstrumentarium der Moderationsmethode einführt und Ihnen dann praktische Hilfen anbietet. Im zweiten Teil des Buches ergänze ich dies durch weitere Konzepte und Verfahren der aktivierenden Gesprächsführung in Gruppen. Ich hoffe, dass Sie schon während des Lesens Lust bekommen, mit Moderationselementen zu arbeiten. Dafür wünsche ich Ihnen viel Erfolg.

Ludger Pesch

»Die Leute fragen immer: ›Wie verfasst man Witze?‹ Wenn man es kann, ist es ganz einfach.«

(Woody Allen)

2 Erste praktische Übung mit einem Verfahren der Moderation

Was ist die Moderationsmethode? Ist mir davon nicht schon einiges bekannt? Hilft mir diese Methode in meiner Arbeit? Fügt sie sich in unsere Struktur ein, oder muss ich dafür alles auf den Kopf stellen?

Das könnten einige Fragen sein, die Ihnen als Leser/in durch den Kopf gehen. Ich möchte Ihnen auf diese und ähnliche Fragen Antworten geben. Aber zunächst möchte ich Ihnen einen kleinen Vorgeschmack auf die Möglichkeiten der Moderationsmethode geben. Ich schlage Ihnen ein besonders ergiebiges und wandlungsfähiges, zugleich aber auch einfaches Verfahren aus dem Arsenal der Moderationsmethode vor: die **Ein-Punkt-Frage** (ausführlich beschrieben ab S. 69). Damit können Sie an einem Beispiel erleben, mit welchen Mitteln man in der Moderation arbeitet.

Ich schlage Ihnen vor, zu folgender Frage Stellung zu nehmen:

Was ist am entscheidendsten für den Erfolg einer Arbeitsbesprechung?

kompetente Leitung

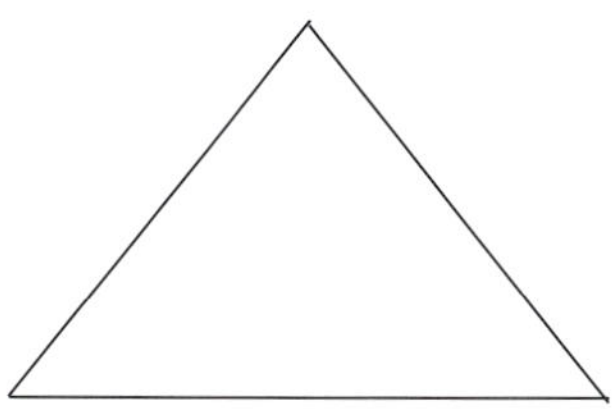

motivierte Mitarbeiter/innen gute Rahmenbedingungen

Markieren Sie nun innerhalb des Dreiecks Ihre Meinung mit einem Punkt. Innerhalb des Dreiecks können Sie dabei jede Position wählen und damit die »Mischung« der drei Einflussfaktoren bestimmen.

Haben Sie sich entschieden?
Mathematisch betrachtet gibt es innerhalb des Dreiecks unendlich viele Punkte. Trotzdem ragen in diesem Dreieck sieben Positionen heraus:

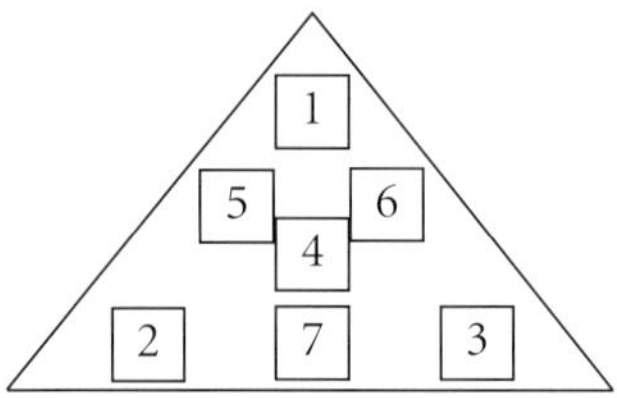

Liegt Ihr Punkt nahe bei einer dieser Positionen oder genau auf einer davon? Versuchen Sie jetzt, Ihre durch den Punkt symbolisierte Meinung in eine verbale Aussage zu fassen:

Ich habe meinen Punkt auf die Position .... gesetzt, weil ich der Meinung bin..., weil ich erlebt habe..., weil ich glaube...

Haben Sie Ihre Entscheidung für eine Position begründet?
Ich weiß natürlich nicht, was Ihre Motive sind. Ich habe aber Fantasien und Vermutungen darüber:

- Wenn Sie Ihren Punkt beispielsweise auf oder nahe an den Punkt 1 gesetzt haben, könnte das bedeuten: »Ich habe erlebt, dass ich auch in einer verfahrenen Situation noch etwas aus der Besprechung heraushole, wenn ich gut vorbereitet bin.«
  Oder Position 7: »Entscheidend ist nach meiner Meinung, dass die Mitarbeiter/innen geeignete Rahmenbedingungen

vorfinden. Ein motiviertes Team, das sich ja aus Experten zusammensetzt, wird dann die geeignete Lösung finden.«
- Oder Position 5: »Das Team und ich sind Weltmeister im Improvisieren. Wir müssen in der Lage sein, auch unter widrigen Umständen gut zu arbeiten.«

Obwohl Sie sich mit Ihrem Punkt festgelegt haben, gelingt es Ihnen vielleicht dennoch, andere Entscheidungen nachzuvollziehen. Sie können das an meinen drei Aussagen überprüfen oder es testen, indem Sie versuchsweise einmal andere Positionen innerhalb des Dreiecks einnehmen und begründen.

In einer moderierten Besprechung wird ähnlich vorgegangen. Schon jetzt haben Sie einige wesentliche Erfahrungen gemacht, die Sie auch in einer Moderation machen können:
- Ein Moderator führt Sie durch Fragen zum Nachdenken und zu Entscheidungen.
- Diese Entscheidungen werden aufgeschrieben (visualisiert), einschließlich der Hintergründe dafür.
- Sie können möglicherweise erleben, dass andere Menschen andere Entscheidungen treffen.
- Sie können nachvollziehen, was hinter anderen Entscheidungen steht (an Erfahrungen, Bewertungen, Sichtweisen).
- Dadurch erweitert sich Ihre Perspektive. Es könnte Ihnen dann leichter fallen, mit anderen Menschen gemeinsame Entscheidungen zu fällen oder Kompromisse zu finden.

Doch leider, die Verhältnisse sind nicht immer so. Im nächsten Kapitel schildere ich eine Teamsitzung, wie sie ohne die Hilfsmittel der Moderation abläuft.

3 Eine missglückte Teamsitzung

Frau L., Leiterin der Kindertagesstätte Bahnhofstraße, betritt leicht verspätet den Gruppenraum, in dem die Dienstbesprechung stattfindet. Frau L. wurde von Eltern aufgehalten, die mit dem Erzieherinnenwechsel in einer Gruppe nicht einverstanden sind. Dicht gedrängt sitzen alle 14 Mitarbeiter/innen der Einrichtung auf den kleinen Kinderstühlchen beieinander. Auf den Tischen, die man in der Mitte zusammengeschoben hat, stehen Kuchen, Thermoskannen und Kaffeegeschirr. Kerzen werden angezündet, denn zunächst sind die Geburtstagskinder der letzten vier Wochen zu ehren. Auf Initiative von Frau S., der stellvertretenden Leiterin, wird ein Geburtstagslied für Halina (Mitarbeiterin der Küche) und Steffi (Horterzieherin) angestimmt.
Während sich die Mitarbeiter/innen mit Kaffee und Kuchen versorgen, gibt Frau L. die Themen der Besprechung bekannt. Schon beim letzten Mal wurde vereinbart, nach mehreren Anläufen endlich über die Bewerbung für ein Projekt zur Qualitätssicherung zu entscheiden, das der Träger mit einigen interessierten Einrichtungen durchführen will. Die Kolleginnen sollten sich bis zum heutigen Tag dazu beraten. Weiterhin steht an, über die Aufteilung des Geldes für Spiel- und Bastelmaterial zu sprechen. Zwei Termine müssen vereinbart werden: Wann soll das Sommerfest stattfinden? Wann soll der Kindergartenfotograf kommen? Im letzten Jahr waren manche Eltern unzufrieden, weil er nicht rechtzeitig angekündigt war.
Frau L. schlägt vor, mit der Projektdebatte zu beginnen. Da meldet sich Kathrin (Spätdienst). Sie beschwert sich, dass die Kolleginnen die Kinder nicht dazu anhielten, am Spätnachmittag die Roller in den Schuppen zu bringen. Ihr bliebe dann die undankbare Aufgabe, mit den Kindern im Spätdienst den ganzen Garten aufzuräumen. Die Kinder – und auch sie – fän-

den das ungerecht. Frau L. weist darauf hin, dass angesichts der vielen Themen für diese Frage heute leider keine Zeit sei, sie nehme das Problem auf die Tagesordnung der nächsten Sitzung. Kathrin möge sich bitte mit den betreffenden Erzieherinnen zusammensetzen.

Dirk (Horterzieher) möchte zunächst Klarheit über die anfallenden Termine und die anderen Rahmenbedingungen, bevor er sich mit einer so weit reichenden Frage wie der Projektteilnahme befassen könne. In der Runde erhebt sich zustimmendes Gemurmel. Frau S. schlägt darum vor, zunächst schnell die Sachfragen zu klären und sich dann dem Projekt zuzuwenden. Frau L. ist einverstanden, aber nur unter einer Bedingung: Dass es schnell geht!

Zunächst wird über den Termin für das Sommerfest gesprochen. Die Diskussion beißt sich an der Frage fest, ob ein Freitag- oder ein Samstagnachmittag gewählt werden soll. Für den Samstag spricht, dass die Mitarbeiter/innen ausgeruht sind und sich vermutlich mehr Eltern beteiligen; für den Freitag sprechen die geringere Belastung durch Mehrarbeit – und das freie Wochenende. Sabrina (Praktikantin in der Krippe) schlägt vor, das Sommerfest jährlich wechselnd freitags bzw. samstags stattfinden zu lassen. Diese Idee wird von mehreren Seiten begrüßt. Frau L. stimmt zu. Es sei ein guter Vorschlag. Da man im letzten Jahr an einem Freitag gefeiert habe, könne man diesmal mit einem Samstag fortfahren. Mit einem Terminvorschlag von Frau S. endet diese Diskussion nach rund 25 Minuten.

Der nächste Punkt betrifft die Verteilung des Geldes für Spiel- und Bastelmaterial. Frau L. erläutert, dass sie wie im letzten Jahr einen Teil der Summe für zentrale Einkäufe reservieren möchte. Der andere Teil solle auf alle Gruppen gleichmäßig (je nach Kinderzahl) aufgeteilt werden. Dirk erhebt Einwände, weil die Hortkinder die zentralen Einrichtungen wie den Frühdienstraum oder den Bastelkeller viel weniger nutzen als die anderen Kinder, die ganztägig anwesend sind.

Sabrina hält dagegen, er bekäme ohnehin schon mehr als die anderen, da die Hortgruppe am meisten Kinder umfasse. Ilona, die von einem anderen Träger kommt und neu im Team ist, erzählt, dass dort bereits vor zwei Jahren die Budgetierung eingeführt und die kameralistische Buchführung abgeschafft wurde. Das muss natürlich erst einmal erläutert werden. So dauert die Debatte noch einige Zeit. Angesichts der fortgeschrittenen Zeit schlägt Frau S. vor, diesen Punkt zu vertagen und nach einer Pause mit der Projektdiskussion anzufangen. Die letzte Geldzuteilung sei noch nicht lange her und daher bestehe noch keine Dringlichkeit. Zustimmendes Gemurmel. Vor der Pause verabschieden sich zwei Erzieherinnen, weil sie jetzt mit ihren Eltern die diesjährige Kinderreise besprechen müssen.

Auch die Pause dauert länger als die vereinbarten zehn Minuten. Viele Kolleg/innen nutzen die Zeit, um aufzustehen, miteinander zu reden, frischen Kaffee zu holen oder draußen zu rauchen.

Um 18.15 Uhr geht es weiter. Frau L. schildert noch einmal die Entstehungsgeschichte des Projektvorhabens und die Situation: Bewerben könnten sich alle Einrichtungen, die interessiert seien und über zwei Jahre mit dem beauftragten Institut zusammenarbeiten wollten. Eine Bewerbung sei bis Ende des Monats schriftlich zu erklären. Sie persönlich halte die Projektteilnahme für eine gute Chance, die bestehende Konzeption weiterzuentwickeln und sich gegenüber anderen Trägern zu profilieren.

Die weitere Diskussion in Auszügen:
Genau das nerve sie, wirft Kathrin ein. Ständig dieser Wettbewerb! Ein Projekt jage das andere. Sie seien ja kaum mit der Konzeption fertig, sie wolle jetzt erst mal in Ruhe beobachten, wie die Kinder mit dem neuen Raumangebot umgingen, und sich nicht schon wieder neuen Aufgaben zuwenden, die von außen kämen.

Frau L. wendet ein, dass sie im Qualitätssicherungsprojekt genau das tun könne: Hier gehe es nicht um neue Planungen, sondern darum, den erreichten Stand zu überprüfen. Frau S. berichtet, die Fachberaterin habe ihr bestätigt, dass mit der Projektteilnahme keine Mehrarbeit verbunden sei.

Ilona erzählt, dass ein anderer Träger mit seinen Einrichtungen schon seit anderthalb Jahren an der Erarbeitung von Qualitätsstandards für die Eingewöhnung arbeite.

Steffi meint, das zeige, wie aufwändig so ein Projekt sein könne und dass man sich gut überlegen müsse, ob man da – auch angesichts der vielen anderen Aufgaben – mitmachen solle.

Frau L. gibt zu bedenken, dass es hier um einen ganz anderen Weg der Qualitätssicherung gehe, der deshalb mit dem des anderen Trägers nicht einfach zu vergleichen sei. Das beauftragte Institut habe vorgeschlagen, nicht an einzelnen Standards zu arbeiten, die dann für alle gleich seien, sondern zentrale Themen herauszufinden, für die dann Instrumente im Sinne einer reflexiven Praxis entwickelt werden sollten.

Frau S. erinnert noch einmal daran, dass das Projekt nach Meinung der Fachberaterin keine große Mehrarbeit bedeute. Victoria, die als Köchin auch Koordinatorin für den gesamten Hauswirtschaftsbereich ist, findet das Projekt sehr interessant; schließlich sei auch die Qualität der Mahlzeiten ein wichtiger Punkt. Sabrina sagt, sie würde ihre Praktikumsarbeit gerne über Qualitätsentwicklung im Kindergarten schreiben.

Angesichts der Differenzen und der fortgeschrittenen Zeit schlägt Frau S. vor, die Zeit bis zur nächsten Sitzung in vier Wochen für eine informelle Debatte zu nutzen, dann aber zu entscheiden und abzustimmen. Frau L. erklärt sich seufzend bereit, den Träger zu bitten, die Auswahl der Einrichtungen ebenfalls zu verschieben. Sollte dies nicht möglich sein, kündigt sie eine kurzfristige Sondersitzung für die Abstimmung an. Während einige bereits aufspringen, erinnert Kathrin an die noch ausstehende Entscheidung über den Fototermin.

Frau L. stellt fest, dass jetzt nichts mehr geht und bittet sie, mit dem Fotografen drei mögliche Termine zu vereinbaren und ihr diese mitzuteilen. Dann ruft sie den Kolleg/innen noch »Schönen Feierabend« nach...

An die Leser/innen:

- ***Welche eigenen Erfahrungen erkennen Sie in dieser fiktiven Sitzung wieder?***
- ***Welches Gefühl hätten Sie als Leiter/in oder als Teilnehmer/in an dieser Teamsitzung?***

Einen Einschätzungsbogen zur Qualität Ihrer Teamsitzungen finden Sie im TOP-Band »Teamentwicklung« auf Seite 120.

Im folgenden Kapitel besuchen wir die gleiche Einrichtung. Einiges hat sich jedoch verändert...

»Ich teile das Leben auf in die elenden und die entsetzlichen Situationen. Dann bin ich froh, wenn es mir nur elend geht«

(Woody Allen)

4 Die Besprechung – anders gestaltet

Frau L., Leiterin der Kindertagesstätte »Till Eulenspiegel«, betritt den Besprechungsraum. Das Bild hat sich verändert: Seit einige Kolleg/-innen einen Moderationskurs absolviert haben, finden die großen Teambesprechungen im Bewegungsraum der Einrichtung statt; man weiß, dass für eine gute Arbeitsatmosphäre auch genügend Platz sein muss. Im Raum können alle Kolleg/innen in einem weiten Halbkreis Platz nehmen; auf jeden zweiten Stuhl folgt ein kleiner Hocker, so dass alle Platz für Kaffeetassen und Arbeitsmaterialien haben. Die Anschaffung von Stühlen in Erwachsenengröße wurde auch auf Elternversammlungen schon erfreut zur Kenntnis genommen.
Gemeinsam mit den Eltern wurde im vergangenen Jahr die Kita auf den Namen »Till Eulenspiegel« getauft – auch das ein Ausdruck des Kulturwandels.

Frau L. lässt sich leicht erschöpft, aber wohlgemut auf einen Stuhl fallen. Sie hat die Sitzung zusammen mit ihrer Stellvertreterin, Frau S., vorbereitet. Frau S. wird heute die Hauptmoderatorin sein.

Frau S. steht auf und bittet die Kolleg/innen, auf das Flipchart zu sehen, das neben drei Pinwänden an der freien Seitenwand steht. Sie erinnert daran, dass heute endlich über die Teilnahme am Qualitätssicherungsprojekt und den Wochentag für das Sommerfest entschieden werden soll. Im Rahmen der mittelfristigen Planung sei dann auf der nächsten Besprechung das Hauptthema »Verwendung der Materialgelder« an der Reihe. Auf dem Flipchart stehen in der Spalte »Themen« deshalb in den ersten Zeilen »Entscheidung über QS-Projekt« und »Sommerfest-Tag«.

Frau S. bittet darum, weitere Themen vorzuschlagen.
Kathrin benennt »Probleme mit dem Spätdienst« und Sabrina

»Termin für die Gruppenfotos«. Frau S. trägt diese Themen in die Zeilen drei und vier ein.

Dann fragt sie, wie viel Zeit diese Themen erfordern. Kathrin möchte ihr Problem zunächst nur kurz schildern und einen Lösungsvorschlag einbringen. »Dafür brauche ich nur zehn Minuten.« Sabrina meldet nur fünf Minuten an. Frau S. schätzt, dass man sich für die Diskussion des Sommerfest-Termins etwa 15 Minuten Zeit nehmen sollte, so dass etwa 90 Minuten für das Hauptthema blieben. Alle Zeiten werden in die zweite Spalte auf dem Flipchart unter »Zeitdauer« eingetragen.

Im nächsten Schritt klärt Frau S., in welcher Reihenfolge die Themen behandelt werden sollen. Auch dies geht schnell, denn das Team hat gute Erfahrungen damit gemacht, »kleine« Fragen an den Anfang zu stellen, das Hauptthema in der Mitte zu platzieren und mit komplexeren Terminfragen abzuschließen (damit die sich nicht zu Zeitfressern entwickeln). Dem Vorschlag von Frau S., mit Kathrins und Sabrinas Themen zu beginnen und den Festtermin am Schluss der Besprechung zu bestimmen, wird deshalb zugestimmt. Sie trägt alles in die letzte Spalte des Flipcharts ein, das nun so aussieht:

Tagesordnung 14. 2. 2001

Themen	**Zeitdauer**	**Reihenfolge**	**Ergebnisse**
Entscheidung über QS-Projekt	90 min	3	
Sommerfest-Tag	15 min	4	
Spätdienst-Problem	10 min	1	
Gruppenfoto-Termin	5 min	2	

Das Team hat damit gemeinsam über das Tagesordnung entschieden, jetzt kann es losgehen: »Kathrin, Sie haben das Wort!«

Kathrin hat ein Bild mitgebracht, das einige Kinder nach ihrer Anregung im Spätdienst gemalt haben. Es zeigt ein paar winzige Menschen in dem großen Garten der Einrichtung vor einem Berg aus Spielsachen. Kathrin erläutert das Bild, das den Frust der Kinder darüber ausdrücke, täglich den großen Kehraus für alle anderen machen zu müssen. Auch sie gerate dann oft in eine unangenehme Situation. Sie schlage deshalb vor, dass die anderen Kolleg/innen mehr darauf achten, einen Teil des Spielzeugs bereits vorher in den Schuppen zu bringen. Zur Erinnerung werde sie dieses Bild am Ausgang anbringen – übrigens ebenfalls eine Idee der Kinder. Auf der Besprechung in drei Monaten werde sie dann ein Feedback über den Erfolg geben. Kathrins Rede und das Bild werden von mehreren zustimmenden Kurzkommentaren begleitet, so dass Kathrin für ihr Thema weniger als zehn Minuten braucht und mit der Resonanz zufrieden sein kann. Ihr persönliches Problem ist für heute gelöst.

Frau S. trägt in die vierte Spalte des Flipchartsbogens als Ergebnis ein: Alle Kolleg/innen achten aufs Aufräumen vor dem Spätdienst; Feedback von Kathrin am 16. Mai.

Damit können sich alle dem zweiten Thema zuwenden. Sabrina hat vor zwei Jahren einen Fotokurs absolviert und ist seitdem eine von allen geschätzte Kindergartenfotografin. Ihr gelingen stimmungsvolle Momentaufnahmen aus dem Kinderalltag inzwischen ebenso wie »offizielle« Gruppenaufnahmen und Kinderporträts. Heute schlägt sie als Termin für die Aufnahme der diesjährigen Gruppenfotos den 28.2. vor. Weil sie zuvor die Urlaubs- und Aktivitätenkalender überprüft hat, findet der Terminvorschlag die Zustimmung der Kolleg/innen. Zur Information der Eltern hat Sabrina bereits für jede Gruppe ein DIN A3-Plakat vorbereitet, in das jetzt nur noch der Termin eingetragen werden muss. Frau S. hält auf dem Flipchartbogen den Termin fest.

In gelöster Stimmung wird nun der Hauptpunkt der Tagesordnung, das Qualitätsprojekt, von Frau S. aufgerufen. Sie bittet Frau L., knapp die Ausgangssituation zu schildern. Frau L. stellt ein vorbereitetes Plakat vor, das stichwortartig Angaben zu den Daten, Bedingungen und Zielen des vom Träger initiierten Projekts enthält. Frau L. erklärt, sie persönlich befürworte eine Bewerbung. Sie reiche aber nur dann eine Bewerbung beim Träger ein, wenn sich von den 16 Teammitgliedern mindestens zehn dafür aussprächen. Frau S. fordert zu Verständnisfragen auf. Sofern sie nicht sofort von Frau L. beantwortet werden können, werden sie von Frau S. auf einem vorbereiteten Plakat mit dem Titel »Offene Fragen« notiert.
Frau S. stellt nun eine **Einpunktfrage**. Auf einer vorbereiteten Wandzeitung ist zu lesen:

»Kommen wir heute zu einer Entscheidung über die Projektteilnahme?«

Aber sicher	Weiß nicht	Nie

Mit Klebepunkten, die von Frau L. verteilt werden, können die Kolleg/innen eine Einschätzung abgeben. Das Ergebnis sieht so aus:

Aber sicher	Weiß nicht	Nie
9	3	1

Frau S. fragt das Plenum: »Was könnte hinter der ›Weiß nicht‹ – Antwort stehen?« Sie notiert die Zurufe unter dieser Spalte:

- Ist eine schwerwiegende Entscheidung.
- Mein Name ist Hase...
- Widerstand wird befürchtet.
- Ist neu bei uns im Team, kennt uns noch nicht.
- Will sich nicht festlegen.

Als keine Assoziationen mehr kommen, fragt Frau S. nach möglichen Motiven für die »Nie« – Antwort. Bevor die Kolleg/innen hierzu etwas sagen können, enttarnt sich Dirk als Urheber dieser Wertung und erklärt, er habe damit nur provozieren wollen. »Typisch Mann«, kriegt er zu hören, aber das kennt er schon.

Frau S. geht zur nächsten Frage, einer **Kartenabfrage**, über. Auf einer Wandzeitung steht die Frage: »Welche Probleme sehe ich bei einer Projektteilnahme?« Sie fordert die Kolleg/-innen auf, jeweils bis zu drei Themen aufzuschreiben, wobei sie für jedes Thema eine Karte benutzen sollen. Karten und dicke Filzstifte liegen schon auf den Hockern bereit. Nach einigen Minuten sammelt Frau L. die Karten ein. Frau S. und Frau L. lesen nun abwechselnd vor, was auf den Karten notiert wurde, und heften sie an die Pinwand. Dabei werden Themen, die zusammengehören, zu Haufen (»Clustern«) gruppiert. Die Problem-Cluster, mit denen jetzt weitergearbeitet werden soll, werden von Frau S. vorläufig so betitelt:

- Fragen nach Rahmenbedingungen (zum Beispiel: »Wie viel Mehraufwand wollen wir uns leisten?«)
- Fragen nach Inhalten (»Haben wir eigene Qualitätsthemen, die wir benennen können?«)
- Kooperationsfragen (»Wie weit wollen wir externe Beobachter in die Einrichtung hineinlassen?«)

Nun lädt Frau S. ihre Kolleg/innen ein, drei Kleingruppen zu bilden, die sich in den nächsten 20 Minuten mit je einem Problem-Cluster befassen sollen. Aufgabe der Kleingruppen ist es, die Fragen im Hinblick auf eine Entscheidung für oder gegen die Bewerbung zu diskutieren. Dazu nehmen sich die Mitarbeiter/innen die zusammengehörenden Fragen von der Pinwand mit und setzen sich in drei Raumecken zusammen.
Angeregtes Summen und Murmeln kennzeichnen die nächsten 20 Minuten. Gelegentliche Seitenblicke zwischendurch verraten, das man gerne schon wüsste, wie es bei den anderen

steht. Vor dem Plenum sind dann noch zehn Minuten Zeit für eine Pause.

Im Plenum stellen Sprecherinnen der Kleingruppen in knapper Form die wesentlichen Gesprächspunkte vor. Man kann feststellen, dass die Diskussionen nach einem ähnlichen Muster verliefen: Das Projekt verspreche interessante Fortschritte. Gleichzeitig gäbe es aber ernsthafte Probleme und Fragen. Doch die schienen lösbar, im kritischen Kontakt mit dem beauftragten Institut, das einen gleichberechtigten Diskurs verspreche. Wichtig sei, die bereits schriftlich formulierten Fragen bei einer Projektteilnahme im Auge zu behalten.

Frau S. ruft zur Abstimmung auf. Auf dem Plakat steht die **Abstimmungsfrage:**

Sollen wir uns für eine Projektteilnahme bewerben?
Ich bin dafür/Ich bin dagegen/Ich enthalte mich.

Sie bittet darum, bei der persönlichen Entscheidung sowohl die offenen Fragen wie die möglichen Vorteile einzubeziehen. Die Abstimmung wird offen durch Handzeichen durchgeführt, daran beteiligen sich jetzt auch die Leitungskräfte. Zwölf Kolleginnen sprechen sich für eine Bewerbung aus, drei enthalten sich der Stimme, es gibt eine Gegenstimme. Das Ergebnis wird notiert.

Frau L. erläutert das weitere Vorgehen: Sie werde die Bewerbung beim Träger einreichen. Sie wolle die Bewerbung unterstreichen durch die Beilegung des Protokolls der heutigen Diskussion. (Es besteht im Wesentlichen aus einer verkleinerten Visualisierung der Diskussion und benennt deshalb sowohl die erwarteten Vorteile als auch die offenen Fragen.) Sie verspreche sich von dieser transparenten Darstellung einen erheblichen Vorteil bei der Berücksichtigung der Bewerbung, denn der Träger könne erkennen, wie die Entscheidung im Team gefallen sei und dass sie sich auf eine ernsthafte Debatte stütze. Schon 20 Minuten vor dem Ende der Sitzung ist damit nur noch das Thema »Sommerfest-Tag« zu besprechen. Das Wochenende steht aufgrund der Urlaubspläne bereits fest. Frau L. übernimmt an diesem Punkt die Hauptmoderation und hängt ein Plakat auf, das einen Auszug aus der letzten Elternbefragung zu diesem Punkt enthält. Drei Fragen an die Eltern befassten sich mit dem Sommerfest, das im letzten Jahr an einem Freitag stattgefunden hatte:

- Welchen Wochentag finden Sie für unser Sommerfest günstig?
- Wie haben Ihnen Programm und Angebot im vergangenen Jahr gefallen?
- Was wünschen Sie sich anders als beim letzten Mal oder zusätzlich zum vorigen Programm?

Die Antworten auf die erste Frage sind auf dem Plakat wiedergegeben:
Welchen Wochentag finden Sie günstig für unser Sommerfest?

	Ergebnis
Freitagnachmittag	22
Samstagnachmittag	25
Beide gleich gut	35

Frau L. erbittet dazu Kommentare im Rahmen einer **Zuruf – Frage.** Sie und Frau S. notieren abwechselnd die Zurufe auf einer Pinwand:

Leichte Mehrheit für Samstag.	Fast ausgewogen.
Ist nur Sichtweise der Eltern.	Unsere Sichtweise fehlt.
Den meisten ist es egal.	Wir können uns frei entscheiden.

Es gibt keine klare Mehrheit.	Eine Gruppe wird auf jeden Fall etwas unzufrieden sein.
Die Eltern überlassen uns die Entscheidung.	
Jede Entscheidung ist vertretbar.	

Da keine weiteren Zurufe mehr kommen, beendet Frau L. diesen Arbeitsschritt und hängt ein zweites Plakat auf. Es enthält eine **Einpunktfrage**, die dazu notwendigen Klebepunkte werden von Frau S. verteilt. Sie erläutert, dass die Frage lediglich dazu dient, ein vorläufiges Meinungsbild herzustellen. Die Frage lautet:

Freitag	Egal	Samstag

Welchen Wochentag bevorzuge ich für das Sommerfest?
Sie bittet alle, mit dem Klebepunkt ihre Wahl deutlich zu machen. Als alle »gepunktet« haben, sieht das Plakat so aus:

Freitag	Egal	Samstag
5	6	4

Alle müssen lachen und Kathrin stellt fest: »Das ist ja fast wie bei den Eltern.« Frau S. fragt: »Was könnten Motive für den Freitag sein?« Die Zurufe notiert sie unter der entsprechenden Spalte:

- weniger Mehrarbeit/Überstunden
- freies Wochenende
- hat sich bewährt

Und was könnten Motive für den Samstag sein?
- alle sind ausgeruhter
- Elternwunsch
- vielleicht mehr Väterbeteiligung
- hebt die Besonderheit des Festes hervor

Frau L. fragt die Mitarbeiter/innen, ob es nach der bisherigen Diskussion schon Lösungsvorschläge gibt. Sabrina schlägt vor, in diesem Jahr an einem Samstag zu feiern und so allen Gelegenheit zu geben, damit Erfahrungen zu machen. Das sollte auch dargestellt werden als eine Reaktion auf die Meinung der Mehrheit der Eltern. Die Erfahrungen könnten dann Grundlage für eine langfristige Entscheidung im nächsten Jahr sein. Dieser Vorschlag findet allgemeine Zustimmung, Frau S. notiert also »Samstag, 16. Juni 2001« als Termin und hält außerdem die »Auswertung der Erfahrungen« fest. Sie wird dafür sorgen, dass dieses Wandzeitungsprotokoll verkleinert in den Protokollordner kommt.

Frau L. erklärt die Teamsitzung pünktlich für beendet. Die gelöste Atmosphäre ist spürbar. Im Rahmen der Besprechung haben alle ihre eigenen Fragen vorbringen und sowohl teamals auch sachorientiert entscheiden können. Während die ersten Teammitglieder den Raum verlassen, bleiben andere noch zum »informellen Nachsitzen«.

In den nächsten Kapiteln wird aus verschiedenen Blickwinkeln diskutiert, was in dieser Besprechung geschehen ist.

5 Vorteile, Stärken und Grenzen der Moderationsmethode – fiktives Gespräch mit den Leserinnen und Lesern

»Schön und gut, diese moderierte Teamsitzung. Aber warum sind die Teammitglieder plötzlich so brav? Haben Sie das nicht ein bisschen rosarot eingefärbt?«

Beide Szenen sind frei gestaltete Collagen; ich hoffe aber für Sie, dass ich die erste Szene eher zu schwarz als die zweite Szene zu weiß gemalt habe.

Plötzlich ändert sich natürlich in der Regel wenig. Aber bei meiner Beschreibung setze ich voraus, dass das Team vor der zweiten Sitzung schon einige Zeit mit Hilfe der Moderationsmethode gearbeitet hat und deshalb weiß, worum es geht.

Jede Methode wirkt auch durch ihre Philosophie, ihr Menschenbild – und natürlich mit der Zeit. Ich erwarte deshalb, dass in einer so beeinflussten Teamkultur Machtkämpfe oder Verweigerungshaltungen abnehmen, weil niemand sich zurückgesetzt oder ignoriert fühlen muss.

Nehmen wir Kathrin. Sie bringt ihr Problem bei der ersten Sitzung ungeschickt ein, indem sie ihre Kolleg/innen mit einer Beschwerde strapaziert. Aber es ist auch schwierig für sie, wenn innerhalb der Tagesordnung solche Themenanmeldungen als Störungen aufgefasst werden und nicht als nützliche Ergänzungen. Entscheidend ist, dass Kathrin mit ihrem Anliegen nicht zum Zuge kommt. Die Wahrscheinlichkeit ist groß, dass ihre Energien zumindest für diese Sitzung verloren sind, denn sie ist jetzt innerlich vor allem mit ihrem Ärger beschäftigt.

Die Moderationsmethode dagegen hilft dabei, dass alle an der Tagesordnung mitarbeiten und sich deshalb mit dem Verlauf leichter identifizieren können. Die Stärkung der Mitarbeiter/innen – Beteiligung kann auch die Verantwortlichkeit des Einzelnen für die Gruppe stärken: Während der zweiten Besprechung strapaziert Kathrin die anderen nicht mehr mit einer Klage. Sie übernimmt die Verantwortung für die Gestaltung ihres Themas: Sie ermöglicht den Kolleg/innen einen Einblick in ihre Situation und macht einen akzeptablen Lösungsvorschlag. Das spart Zeit und Kraft.

Die Moderationsmethode ermöglicht einen positiv wirkenden Kontrakt zwischen allen Teilnehmer/innen.

Über die Bedeutung des Kontrakts erfahren Sie mehr im Kapitel »Vorbereitung der Moderation« (S. 45).

»Nehmen wir das Beispiel Sommerfest. Wo ist da der Unterschied? In beiden Verläufen kommen Sie doch zum gleichen Ergebnis.«

Nicht ganz. Im ersten Beispiel wird ein Vorschlag als ständiger Kompromiss (»Freitag und Samstag immer abwechselnd«) beschlossen, ohne dass weitere Kriterien erwogen werden. Im zweiten Beispiel wird eine situationsbezogene Lösung (»diesmal: Samstag«) als soziales Experiment entwickelt, die das Team anschließend überprüfen wird. Deshalb werden diesmal auch die Kriterien ernsthafter betrachtet und abgewogen.

Interessanter als das Ergebnis ist in dieser Schilderung aber der Arbeitsprozess. Bei diesem Thema lässt sich die Gefahr voraussehen, dass die Sachfrage von einem Personen-Konflikt überlagert wird: Wer setzt sich mit seiner »Wahrheit« durch, wer ist der Stärkste? (mehr über Konfliktarten im TOP-Band »Konfliktmanagement«). Die Fragestellungen, die die beiden Moderatorinnen wählen, versachlichen die Diskussion, indem sie alle Seiten zu Wort kommen lassen.

Die Betonung der Sachebene und die Einbeziehung aller Diskutanten (auch der Eltern) kann verhindern, dass eine Seite kämpferisch auftreten muss. Das ermöglicht, die Kompetenz und den Ideenreichtum des gesamten Teams einzubeziehen.

Einen Überblick über Fragestellungen der Moderationsmethode finden Sie im Kapitel »Frageformen, Arbeitsformen und ihre Moderierung« (S. 69)

»Ich zweifle noch an dem Anspruch, in der Kita »Till Eulenspiegel« werde die Mitbestimmung des Teams verwirklicht. Erreichen die beiden Leitungskräfte in der Projektfrage nicht geschickt das, was sie ohnehin wollten?«

Gegenfrage: Was wäre daran so schlimm? Dass Leitung und Team in zentralen Fragen übereinstimmen, ist doch nur wünschenswert, ja eigentlich notwendig (vgl. dazu den TOP-Band »Teamentwicklung«).

Die Zweifel an der Mitbestimmung setzen voraus, dass sich das Team manipulieren lässt. Ich kann das für die Wirklichkeit nicht ausschließen, aber in dieser kleinen »Aufführung« sehe ich das nicht. Der Arbeitsprozess ist von wesentlich weniger Hierarchieaspekten geprägt als im ersten Beispiel. Dort können die Mitarbeiter/innen ihre Stellungnahme oft nur im Anschluss an die Leiterinnen oder in Opposition zur Leitung formulieren. Die moderierte Besprechung lässt dagegen einen wirklichen Meinungsbildungsprozess zu – und ermöglicht zudem unvorhersehbare Ergebnisse. Auch das erhöht die Wahrscheinlichkeit, dass die Kolleg/innen freudiger mitarbeiten.

Apropos Aufführung: Mein Lehrer Jürgen Hennigsen sagte oft: »Ohne Regie passiert nix!« In diesem Sinne sage ich, dass sich die Moderation mit dem Regieführen vergleichen lässt. Regie findet auf offener Bühne statt, ist transparent in ihren Methoden und Zielen, verwirklicht sich im Dialog mit dem Adressaten. Und ist damit ein Gegenbild zur Manipulation.

Im Kapitel »Die Moderator/innen und die Gruppe« (S. 36) lesen Sie dazu noch mehr. Im Kapitel »Hintergründe der Moderationsmethode« (S. 99) können Sie nachlesen, in welcher gesellschaftlichen Situation die Methode entwickelt wurde.

»Wandzeitungen, Flipcharts, Klebepunkte etc. – muss das alles sein? Muss so viel Papier beschrieben werden? Ist das nicht Verschwendung von Rohstoffen?«

Wenn ich mit »Nein« antworten würde, hätte ich zwar Papier gespart, Sie aber vielleicht nicht überzeugt. Eine Stärke der Moderationsmethode liegt in der konsequenten »Verschriftlichung« des Diskussionsprozesses. Man kann diese Methode auch als eine Form der schriftlichen Diskussion definieren. Die Visualisierung ist notwendig, weil die Methode ja gerade eine breites Spektrum von Meinungen, Aspekten und Sichtweisen herauslockt und das in einem oft mehrstufigen Prozess mit Zwischen- und Teilergebnissen. Um den Überblick zu behalten und nichts zu verlieren ist das schriftliche Festhalten notwendig.

Natürlich müssen Sie nicht alle der im Handel angebotenen und oft teuren Materialien einsetzen. Es gibt Alternativen und – jede Wandzeitung hat zwei Seiten.
Mehr dazu erfahren Sie im Kapitel »Medien und Formen der Visualisierung« (S. 51).

»Ist die Moderation eine Allzweckmethode? Oder gibt es Situationen, in denen sie ungeeignet ist?«

Die Brauchbarkeit der Moderationsmethode orientiert sich im Wesentlichen an drei Kriterien: Kompetenz der Gruppe, Entscheidungsspielraum und Zeitkontingent.
Die Grundregel für jede Moderation lautet: **Die Teilnehmer-**

gruppe verfügt über die Kompetenz. Das heißt, Sie sprechen als Moderator oder Moderatorin den Teilnehmerinnen und Teilnehmern die Fähigkeit zu, über das zu klärende Problem kompetent beraten zu können. Eine Moderation mit Sozialpädagog/innen zum Thema »Möglichkeiten der Zusammenarbeit mit Eltern« ist deshalb sinnvoll; zum Thema »Technische Fragen der Tiefseefotografie« dagegen nicht. Wenn Sie anderen nur etwas »beybringen« (J. Henningsen) wollen, brauchen Sie keine Moderation. Was nicht ausschließt, dass Sie Elemente aus dem Moderationsarsenal nutzen können. Die Moderation ist im Kern aber keine Lehrmethode, sondern eine Gruppenmethode zum Diskutieren und Entscheiden. Fragen Sie Sich deshalb vorher: Spreche ich der Gruppe die Fähigkeit zu, über das Problem angemessen zu beraten und zu entscheiden?

Zum Entscheidungsspielraum: **Moderation kann überall dort helfen, wo es etwas Wesentliches zu beraten, zu erfinden, zu entscheiden gibt.** Wenn für das Problem ohnehin nur eine denkbare Lösung zulässig ist oder sich alle im Wesentlichen einig sind, brauchen Sie Ihre kostbare Zeit nicht mit einer Moderation zu verschwenden. Sie können dann gleich die Lösung präsentieren. Vielleicht aber wollen Sie den Entscheidungsspielraum der Gruppe erweitern und Raum schaffen für neue Gedanken. Die Stärke der Moderationsmethode liegt auch darin, dass es zu ungewöhnlichen Problemlösungen kommen kann, die vorher niemand absehen konnte.

Natürlich ist der Entscheidungsspielraum immer begrenzt, oft durch die zur Verfügung stehenden Finanzen. Die Auftraggeber einer Moderation frage ich deshalb immer danach. Häufig heißt es dann: Die Lösung darf keine zusätzlichen Kosten erfordern bzw. muss einen für mich kostenneutralen Finanzierungsvorschlag enthalten. Klären Sie deshalb vor jeder Moderation, welchen Entscheidungsspielraum Sie bzw. der Auftraggeber der Gruppe einräumen.

Zum Zeitbedarf: **Moderation ist in der Regel ein mehrstufiges Verfahren und braucht Zeit.** Eine Moderation braucht mehr Zeit als eine Diskussion, an der sich nur wenige beteiligen und die bald – zum Beispiel durch Handzeichen – entschieden wird. Sie braucht andererseits weniger Zeit als Endlosdebatten oder faule Kompromisse, die in absehbarer Zeit das Konfliktthema wieder aufflammen lassen. Der Zeitbedarf für eine Moderationssequenz steigt in der Regel mit der Relevanz des Themas und der Zahl der Teilnehmer/innen.
Diese Faktoren lassen sich in einem Diagramm darstellen (nach Hartmann u.a., S. 119):

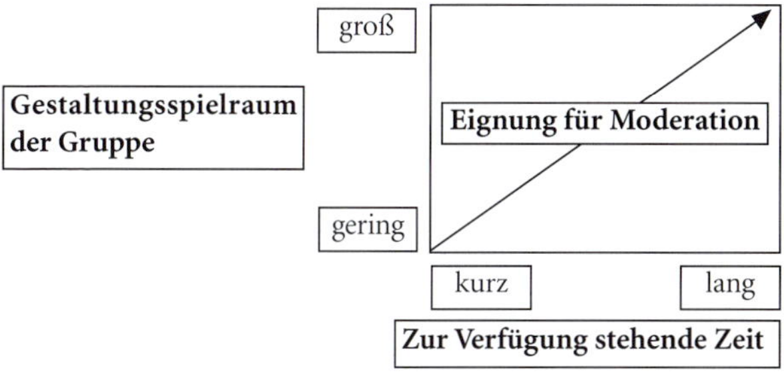

Das Diagramm ist allerdings nicht exakt mathematisch zu verstehen. Entscheidungen über das Ob und Wie einer Moderation erfordern jeweils neu eine Einschätzung der Komplexität des Themas und der Situation der Gruppe. Es verhält sich wie bei allen Methoden lebendigen Lernens: Die Erfahrung hilft uns, immer verlässlicher das Richtige zu tun.

»Ich könnte geigen wie Yehudi Menuhin. Ich brauchte dafür lediglich etwas mehr als 24 Stunden täglich zum Üben.«

(Günter Biwer)

Moderation ist vor allem eine Frage der Haltung der Gruppe gegenüber. Darum geht es im nächsten Kapitel.

6 Die Moderator/innen und die Gruppe

Die Haltung der Moderator/innen

Grundlegend und entscheidend für den Erfolg der Moderation ist die Haltung der Moderator/innen zur Gruppe. Im vorhergehenden Abschnitt habe ich für die Moderation das Bild der Regie benutzt. Billy Wilder erzählte einmal über den von ihm verehrten Ernst Lubitsch: »Die meisten Filmemacher rechnen dem Publikum vor: 2 + 2 = 4. Lubitsch sagte 2 + 2 – und lässt das Publikum die Summe ziehen«.

Grundlegend für die Haltung von Moderator/innen ist der Respekt vor der Fantasie der Gruppe und ihre Anerkennung als Problemlösungsinstanz.

Das setzt voraus, dass die Moderator/innen den mit ihnen arbeitenden Menschen grundsätzlich die Bereitschaft und die Fähigkeit unterstellen, sich für die Lösung ihrer Aufgaben einzusetzen und sich dabei erfindungsreich und kreativ zu verhalten. Besonders leicht geht es, wenn Sie als Moderatorin neugierig auf die Gruppe und deren Ideen sind.

Der Moderationsmethode liegt ein Menschenbild zugrunde, das den Menschen als ganzheitliches Wesen versteht. Umschreibungen für diese Sicht sind zum Beispiel: Verbindung von Körper, Geist und Gefühl, von Wissen, Fühlen und Wollen. Moderator/innen sollten es für legitim erachten, dass diese Faktoren auch in der Arbeitswelt vorkommen. Jeder Betrieb oder jede Einrichtung bildet sowohl eine Leistungs- als auch eine Personengemeinschaft. Moderator/innen wissen, dass Menschen, egal in welcher Funktion und auf welcher Hierarchiestufe, an der Gestaltung ihrer Arbeit beteiligt werden wollen und dass sie sich langfristig nur für das einsetzen, was sie mitgeschaffen haben.

Moderator/innen bemühen sich um Fehlerfreundlichkeit. »Nobody is perfect«, heißt der Schluss-Satz in Billy Wilders Komödie »Manche mögen's heiß«. Dass Fehler gemacht werden dürfen, ermöglicht erst die Findung ungewöhnlicher Lösungen. Diese Gelassenheit schließt Sie selbst ein. Weil Sie als Moderator/innen Fehler machen (dürfen), sollten Sie selbstkritisch damit umgehen. Nicht nur deshalb ist es hilfreich, zu zweit zu moderieren. Sie können sich dann gegenseitig Feedback geben.

»Ich bin mir selbst ein Freund. Ich nehme ernst, was ich denke und empfinde. Die Zeit, die ich dafür brauche, ist nie vertan. Dasselbe gestehe ich auch den anderen zu.«
(Kapitän James Franklin in Sten Nadolnys Roman »Entdeckung der Langsamkeit«)

Der Erfolg einer Moderation kann auch mit dem Modell der »gegenseitigen Anerkennung« erläutert werden. Gegenseitige Anerkennung bedeutet, dass sich beide Interaktionspartner wechselseitig als bedeutsam und interessant ansehen. Eine solche Arbeitsbeziehung kann auch helfen, mangelndes Selbstvertrauen zu überwinden und das eigene Vermögen wieder zu schätzen. In diesem Sinne können Sie als Moderator/innen sogar einer Gruppe weiterhelfen, die nicht mehr an die eigene Lösungskompetenz glaubt.

Das umgekehrte Verhalten ist aber leider ebenso wirkungsvoll: Wenn Sie eine Gruppe (innerlich) aufgeben, wird sie sich genauso unmündig verhalten, wie Sie es prophezeit haben. Das wäre ein hoher Preis fürs Rechtbehalten.

Regeln für Moderator/innen

Entscheidend für das Auftreten als Moderator ist die Haltung. Sie konkretisiert sich in einigen Regeln, die freilich nicht alle Situationen abdecken können.

Seien Sie inhaltlich neutral

Als Moderator/in sind Sie allein für die Güte des Prozesses, nicht aber für den Inhalt verantwortlich. Halten Sie sich deshalb aus der Diskussion weitestgehend heraus. Nehmen Sie weder zustimmend noch ablehnend Stellung; auch dann nicht, wenn Sie aus der Gruppe dazu aufgefordert werden. Als Leiter/in oder bisherige Wortführerin in Ihrer Einrichtung mag das eine Herausforderung für Sie und die anderen darstellen. Aber haben Sie nicht zur Moderationsmethode gegriffen, weil Sie mal etwas anderes hören wollten als Ihre eigene Meinung?

Bereiten Sie sich gut vor

Die Arbeitszeit ist begrenzt und Sie haben während der Moderation alle Hände voll zu tun. In der Regel gehen Sie mit einer vorbereiteten Moderationssequenz in die Besprechung. Die wichtigsten Vorbereitungsfragen sind:
Was ist das Thema?
Wie ist die Situation?
Was ist das Ziel?

Planen Sie den Materialeinsatz und bereiten Sie Ihre Wandzeitungen vor. Wenn Sie so vorbereitet sind, können Sie eventuelle Änderungswünsche leichter zulassen.

Verhalten Sie sich als Dienstleister/in und kundenorientiert

Als Moderatorin oder Moderator haben Sie eine Dienstleistungsfunktion für die Gruppe. Dazu gehört, sich der Gruppe und allen Mitgliedern gegenüber wertschätzend zu äußern.

Wählen Sie Verfahren und Fragen, die den Teilnehmerinnen und Teilnehmern angemessen sind.

Fragen Sie viel, behaupten Sie wenig

Durch Fragen eröffnen Sie den Denk- und Arbeitsprozess der Teilnehmer/innen und fordern deren Kreativität hinaus. Der »Input« von Moderator/innen besteht im Wesentlichen aus Fragen. Gemeint sind offene Fragen wie »Was sagen die anderen zu dieser Idee von Frau M.?« und nicht rhetorische Fragen wie »Da sind wir uns doch alle einig, oder?«

Moderieren Sie nach Möglichkeit zu zweit

Sie haben als Moderator/innen viel zu tun und zu schreiben. Innerhalb der Moderation gibt es viele Möglichkeiten der Arbeitsteilung und des Zusammenspiels. Das kann den Arbeitsprozess beschleunigen und hilft, unwillkommene Pausen zu vermeiden. Zwei Moderator/innen bieten außerdem ein anschauliches Bild der Verbindung von Arbeitsteilung und Zusammenarbeit. Aus diesem Grund verwende ich in diesem Buch überwiegend die Plural-Form »Moderator/innen«.

Leitung, Moderation und Präsentation

In Kindertagesstätten wird die Moderatorenrolle häufig von Leiter/innen eingenommen. Da es innerhalb der Moderation immer wieder Phasen gibt, in denen präsentiert wird, ist es wichtig, die Unterschiede zwischen den drei Arbeitsformen zu kennen. Innerhalb einer Teamsitzung werden sich die verschiedenen Formen abwechseln. Es ist deshalb zur Orientierung der Gruppe notwendig, die entsprechenden Übergänge deutlich zu markieren.

Leiter/innen sind hierarchisch höher Gestellte, die für die Qualität des Arbeitsergebnisses besondere Verantwortung tragen. Sie sind inhaltlich beteiligt, nehmen zu Vorschlägen Stellung und vertreten die Ziele des Trägers in der Einrichtung. Bezogen auf legitimierbare Ziele sind sie berechtigt, diese auch durchzusetzen. Wenn die Leiterin dem Urlaubsantrag einer Gruppenerzieherin nicht stattgibt, weil er in die Eingewöhnungszeit fällt, nimmt sie ihre **Leitungsverantwortung** wahr.

Moderator/innen sind Helfer/innen der Gruppe. Sie bieten keine inhaltlichen Aussagen an, sondern verhelfen mit ihrem methodischen Know-how der Gruppe zu eigenen Aussagen und Entscheidungen: Hilfe zur Selbsthilfe. Die Gruppe produziert und entscheidet frei über die Verwendung ihrer Arbeitsprodukte. Wenn ich die Gruppe auffordere, eine Einpunktfrage zu bewerten, **moderiere** ich ihren Entscheidungsprozess.

Präsentieren bedeutet im übertragenen Sinne, etwas »verkaufen« zu wollen. Dazu werden das eigene Produkt oder die eigene Aussage angepriesen und so dargestellt, dass das Publikum zum »Kauf« animiert wird. Da das Publikum während dieser Zeit eher passiv bleibt, darf ich seine Zeit nicht zu sehr strapazieren. Wenn eine Teilnehmerin einen Bericht der Kleingruppe abgibt, **präsentiert** sie. In der Übersicht werden die unterschiedlichen Merkmale deutlich:

	Leitung	**Moderation**	**Präsentation**
Rollenbild	Führung	Helfer, Butler	Verkäufer
Position	vorgesetzt	an der Seite	gegenüber
Zweck	Zielerreichung	Hilfe zur Selbsthilfe	Werbung
Zeit	Kosten/Nutzen-Kalkül	nach Bedarf	eng begrenzt
Tempo	allegro	allegro moderato	presto

Wer kann moderieren?

Grundsätzlich können alle die Moderation einer Gruppe übernehmen, die die benannten Haltungen einnehmen können und die Regeln und Techniken der Moderationsmethode anwenden.

In vielen Einrichtungen werden (zunächst) Leitungskräfte geschulte Moderator/innen sein. Es kann somit ein Dilemma auftreten, wenn wir eine Grundregel der Moderation befolgen, nach der die Moderator/innen sich aus der Debatte heraushalten sollen. **Können Sie als Leiter/in eine inhaltlich neutrale Moderation durchführen?** Natürlich jederzeit, wenn Ihnen das Ergebnis gleichgültig ist. Aber können Sie es auch dann, wenn Sie selbst eine dezidierte Meinung haben und diese Ansicht auch äußern wollen oder müssen?

Im Prinzip ja. Entscheidend ist, dass Sie Ihren eigenen Vorstellungen nicht den Vorrang einräumen. Unter dieser Voraussetzung können Sie sich in einem bestimmten Rahmen sogar an der Diskussion beteiligen.

In der Kita »Till Eulenspiegel« geht die Leiterin, bezogen auf diese Frage, so vor (vgl. ab S. 20): Zunächst entscheidet sie sich für eine helfende Rolle. Hauptmoderatorin ist die stellvertretende Leiterin. Vor der Diskussion gibt die Leiterin eine Stellungnahme ab und formuliert ein Kriterium für die Bewerbung (mindestens zehn Pro-Stimmen). Wenn wir voraussetzen, dass die Teammitglieder weder Angst vor der Leiterin noch eine neurotische Beziehung zu ihr haben, sind sie damit noch genügend frei, selbstständig zu arbeiten und zu entscheiden.

Die Neutralität kann sogar dann gewahrt werden, wenn die Moderator/innen sich an einigen Arbeitsschritten beteiligen. So könnten sie beispielsweise bei Kartenabfragen (s. S. 72) selbst einige Karten schreiben. Sie hätten dann (anonym) Ideen beigesteuert; die Gruppe könnte frei entscheiden, ob sie damit weiter arbeitet oder nicht. In jedem Fall sollten Sie als Moderatorin zu erkennen geben, ob und wann Sie sich beteiligen.

Die Frage »Wer kann moderieren?« möchte ich an Sie weiterreichen:

	Ja	**Nein**
1) Können Sie auf Ihre Definitionsvollmacht mindestens in einem für die Gruppe relevanten Teil verzichten, so dass sich hieraus ein Entscheidungsspielraum ergibt?		
2) Können Sie diesen Entscheidungsspielraum für die Gruppe nachvollziehbar benennen?		
3) Trauen Sie der Gruppe die Kompetenz zur Lösungsfindung grundsätzlich zu?		
4) Können Sie sich so weit vom Problem lösen, dass Sie zulassen können, dass andere sich selbstständig damit befassen?		

Wenn Sie – bezogen auf das jeweilige Thema – diese Fragen bejahen, können Sie die Moderation durchführen.

Vielleicht haben Sie einzelne Fragen mit »Nein« beantwortet. Dann helfen Ihnen möglicherweise folgende Überlegungen weiter:

zu 1) Sie können nicht auf Ihre Definitionsvollmacht verzichten.

Eine Möglichkeit wäre dann, eine Moderation nur zu Ihrer persönlichen Beratung durchzuführen. Sie müssten der Gruppe vorher verdeutlichen, dass es nur um die Entwicklung von Empfehlungen (im Unterschied zu Entscheidungen) geht. Das ist eine durchaus mögliche und in Wirtschaft und Verwaltung häufig anzutreffende Konstellation. Sie ist dann heikel, wenn die Teammitglieder sich nicht mit der rein beratenden Rolle begnügen wollen.

zu 2) Sie können den Entscheidungsspielraum nicht klar benennen.
Beraten Sie sich mit einem Gesprächspartner. Stellen Sie Fragen wie »Was wäre, wenn...« oder »Welche Lösungen schließe ich aus?« Versuchen Sie im Dialog, gegenüber der Gruppe probeweise den möglichen Entscheidungsspielraum klar zu formulieren.

zu 3) Sie trauen der Gruppe die Lösungskompetenz nicht zu.
Können Sie den Gedanken zulassen, dass ein anderer mit der Kompetenz der Gruppe konstruktiv arbeiten könnte? Überlegen Sie in diesem Fall, ob jemand anders die Moderation übernehmen kann.

zu 4) Sie sind in das Problem verstrickt.
Das ist kein Problem, wenn Sie einen anderen mit der Moderation beauftragen. Wenn Sie als Teilnehmer/in an der Moderation teilnehmen und sich an die Teilnehmerrolle halten (und für diese Zeit die Leiter/innen – Funktion abgeben), ermöglichen Sie der Gruppe und sich selbst vielleicht ganz neue Erfahrungen.

Sie beantworten (fast) alle Fragen mit »Nein« und meine Hinweise überzeugen Sie nicht.
Vermutlich sind Sie (noch) nicht bereit, die Zügel lockerer zu lassen.

Rolle und Aufgaben der Gruppe

Im Rahmen einer moderierten Besprechung ist die Gruppe das Arbeits- und Entscheidungsgremium. Moderation wirkt dadurch, dass beide Seiten ihre eigene Verantwortung tragen und wahrnehmen. Während die Moderator/innen für die Methodik zuständig sind, ist es Aufgabe der Gruppe, den Inhalt der Besprechung zu erarbeiten. Dazu muss sie bereit und in der Lage sein, sich mit den Fragestellungen und den in der Gruppe vertretenen Meinungen auseinanderzusetzen und zu Entscheidungen zu kommen.

Die Gruppe muss ebenfalls bereit sein, die Moderator/innen in ihrer Funktion zu akzeptieren. Für die Moderation gelten Spielregeln, die von den Moderator/innen benannt und von allen eingehalten werden sollten. Die Teilnehmer/innen der Besprechung müssen den Moderator/innen erlauben, die Kontrolle darüber zu übernehmen.

Eine weitere Devise lautet: »Everybody is everybody`s butler!« (Jeder hilft jedem). Im Laufe einer Moderation ist vieles zu organisieren, vom Kaffeebüfett bis zum Leerräumen von Pinwänden am Schluss. Die gesamte Gruppe sollte sich aktiv daran beteiligen und diese Arbeit nicht allein den Moderator/innen überlassen. Aktive Unterstützung unterstreicht, dass es sich um einen gemeinsamen Arbeitsprozess handelt. Ausserdem bietet sie Gelegenheit für körperliche Bewegung und Lockerung.

7 Vorbereitung der Moderation

Für Alfred Hitchcock ist – wie für Woody Allen – das Verfassen des Drehbuchs der entscheidende kreative Akt und die zeitlich aufwändigste Phase des Filmemachens. Hitchcock sagt dazu: »Wenn ich mit dem Drehbuch fertig bin und den Film auf dem Papier erschaffen habe, ist für mich die kreative Arbeit getan, und der Rest ist Langeweile.«

Ein gutes Drehbuch legt den roten Faden fest und gibt Orientierung, die besonders dann hilfreich ist, wenn Änderungen während der Umsetzung vorgenommen werden müssen (was Hitchcock allerdings nur höchst ungern tat).

Auch in der Moderation spielt die Vorbereitung eine entscheidende Rolle. Wenn Sie sich gründlich vorbereitet haben, wenn Ihr Drehbuch gut ist, haben Sie die Voraussetzung für den Erfolg der moderierten Besprechung geschaffen.

Die Vorbereitung bezieht sich auf folgende Fragen:

- Was ist das Ziel der Besprechung?
- In welcher Situation befindet sich die Gruppe?
- Wie gestalte ich den Ablauf?
- Welche Materialien und Rahmenbedingungen brauche ich?

Was ist das Ziel der Besprechung?

Die Zielsetzung macht die Besprechung erst zu einem Arbeitstreffen und unterscheidet sie von einem lockeren Plausch. Machen Sie sich also zunächst klar, worauf die Bearbeitung des Themas hinauslaufen soll. Dabei geht es nicht darum, inhaltliche Entscheidungen vorwegzunehmen; die sollen im Laufe der moderierten Besprechung ja erst gefunden werden. Es geht vielmehr um die Art des Ergebnisses, das Sie erreichen wollen. Es hilft Ihnen, folgende Ergebnisarten zu unterscheiden:

Entscheidungen

Entscheidungen sind verbindliche Beschlüsse, die aus der Gruppe der »Entscheider/innen« umgesetzt werden. In unserem Anfangsbeispiel werden mehrere Entscheidungen getroffen, zum Beispiel über Termine.

Entscheidungen können sich auch auf Tätigkeiten beziehen, etwa: »Herr Z. erkundigt sich nach Qualifizierungsmöglichkeiten zum Situationsansatz und erstattet einen Bericht darüber.« Dieses Beispiel zeigt, dass bei Entscheidungen über Tätigkeiten weitere Faktoren zu berücksichtigen sind (Wer macht es, bis wann etc.?) Dabei hilft der sogenannte Tätigkeitskatalog (s. S. 80).

Richtlinien

Richtlinien sind verbindliche Entscheidungen in Form von Anweisungen der Vorgesetzten. Sie richten sich von oben nach unten.

Empfehlungen

Empfehlungen sind Vorschläge, die sich von unten nach oben oder an andere Kolleg/innen richten. Da sie Vorschlagscharakter besitzen, sind die Adressaten frei in ihrer Entscheidung, sie zu übernehmen. Eine Leiterin kann im Rahmen einer Moderation Empfehlungen erarbeiten lassen, zum Beispiel dafür, wie sie sich in einem Konfliktfall mit Eltern verhalten soll. Kolleg/innen können Empfehlungen für Gestaltungsformen von Kinderkonferenzen erarbeiten, die einzelnen Teammitglieder können sich dann aus dem Arsenal der Ideen frei bedienen.

Fragen und Themen

Oft geht es nur darum, zunächst einmal offene Fragen und Themen zu sammeln. Die Fragen werden in einem Themen- oder Fragenspeicher notiert (s. S. 83), um sie für eine **spätere Bearbeitung** aufzuheben. In unserem Anfangsbeispiel wird zu Beginn der Teambesprechung ein Themenspeicher angelegt, der dann abgearbeitet wird.

Wenn Sie geklärt haben, zu welchen Ergebnissen Sie kommen wollen, überlegen Sie, ob es Einschränkungen bezüglich des **Entscheidungsspielraums** gibt (vgl. S.33). Einschränkungen können begründet werden mit:
- finanziellen und materiellen Bedingungen,
- zeitlichen Fristen,
- konzeptionellen Vorgaben,
- anderen Vorgaben durch Vorgesetzte.

Die Klärung dieser Fragen ist besonders dann wichtig, wenn Sie als externe Moderator/innen arbeiten. In diesem Fall müssen Sie mit dem Auftraggeber möglichst präzise klären, welche Ergebnisart er wünscht und welchen Entscheidungsspielraum er gewährt.

In welcher Situation befindet sich die Gruppe?

Wenn das Ziel bestimmt ist, sollten Sie sich Gedanken über die Situation der Gruppe machen. Es fällt Ihnen dadurch leichter, den methodischen Ablauf zu planen und voraussehbare Stolpersteine zu umgehen.

Fragen zur Gruppenanalyse

Teilnehmer/innen
- Wie viele Personen nehmen teil?
- Welche Funktionen haben sie?
- Mit welchen Aufgaben sind sie befasst?
- Welche Beziehungen haben sie zueinander?
- Wie ist das Gruppenklima?

Interessen und Einstellungen

- Welche Interessen vertreten die Teilnehmer/innen in Bezug auf das Thema?
- Welche Einstellungen gibt es dazu?
- Welche Erwartungen haben sie?
- Welche Konflikte und Tabus gibt es?

Arbeitsmethoden

- Welche Arbeitsmethoden herrschten bisher vor?
- Welche Erfahrungen haben die Teilnehmer/innen mit der Moderationsmethode?

(nach Hartmann u.a., S. 51)

»Ich hasse die Wirklichkeit. Aber es ist der einzige Ort, an dem man ein gutes Steak bekommt.«

(Woody Allen)

Wie gestalten Sie den Ablauf?

Wenn Sie das Ziel bestimmt haben und aufgrund der Analyse die Arbeitsgruppe einschätzen können, sind Sie für die Planung des eigentlichen Besprechungsablaufs gut vorbereitet. Sie haben bei der Teambesprechung in der Kita »Till Eulenspiegel« aus unserem Beispiel nachvollzogen, dass jede Moderation einen abgeschlossenen Verlauf darstellt, der sich – grob eingeteilt – in drei Phasen gliedert:

- Einleitung (Einführung in das Thema)
- Hauptteil (Bearbeitung der Fragestellung)
- Abschluss (Entscheidung, Ergebnissicherung)

Einen solchen Ablauf nennt man **Moderationssequenz**
In der Vorbereitung auf die Besprechung entwerfen Sie für jedes Thema eine in sich geschlossene Fragesequenz. Beispiele für solche Sequenzen finden Sie in Kapitel 14, die einzelnen Elemente sind in Kapitel 10 dargestellt.

Welche und wie viele Elemente Sie auswählen, richtet sich nach dem Ziel der Besprechung und der zur Verfügung stehenden Zeit. Es gibt jedoch einige Standards, die im Kapitel 9 erläutert werden.

Welche Materialien und Rahmenbedingungen brauchen Sie?

Parallel oder am Ende Ihrer methodischen Vorbereitung klären Sie, welche Materialien Sie brauchen und wie die Rahmenbedingungen gestaltet werden sollen. Meine Empfehlung ist, sich zunächst einmal den Idealzustand vorzustellen, um dann heiter und gelassen die realen Möglichkeiten zu prüfen.

Außenstehende nehmen die Moderationsmethode zunächst einmal durch die einschlägigen **Materialien** wahr. (Um ihre Bedeutung und um Alternativen dazu geht es im Kapitel »Medien und Formen der Visualisierung«.)

In der Tat benötigt man für eine erfolgreiche Moderation eine Mindestausstattung an Materialien. Klären Sie, ob diese Materialien vorhanden sind oder besorgt werden müssen. Machen Sie dabei deutliche Angaben. Sie können nicht damit rechnen, dass jeder Auftraggeber weiß, dass eine Pinwand für die Moderation sich von den kleinen Pinbrettern mit Jutebezug erheblich unterscheidet.

Wenn Sie häufiger als externe Moderator/innen arbeiten, lohnt sich auch die Anschaffung eigener Materialien, die Sie dann für den Einsatz verleihen bzw. sich nach Verbrauch bezahlen lassen können – eine auch für den Auftraggeber Kosten sparende Lösung.

Besondere Bedingungen gelten für die **Raumgestaltung**. Sie benötigen einen genügend großen Raum, als Faustregel gilt: ca. sechs Quadratmeter pro Teilnehmer/in. Nach oben ist die Größe theoretisch unbegrenzt.

Im Arbeitsraum sollten alle Teilnehmer/innen in einem Halbkreis vor den Pinwänden Platz nehmen können; er sollte zudem groß genug sein, um im Raum mehrere Kleingruppen parallel arbeiten zu lassen. Der Halbkreis sichert, dass sich alle sehen können. Sie brauchen nur wenige Tische zum Ablegen der Arbeitsmaterialien oder für das Getränkebuffet. Alle Möbel sollten leicht und schnell umzugruppieren sein.

Eine »ideale« Raumgestaltung in unserer Beispielkita könnte etwa so aussehen:

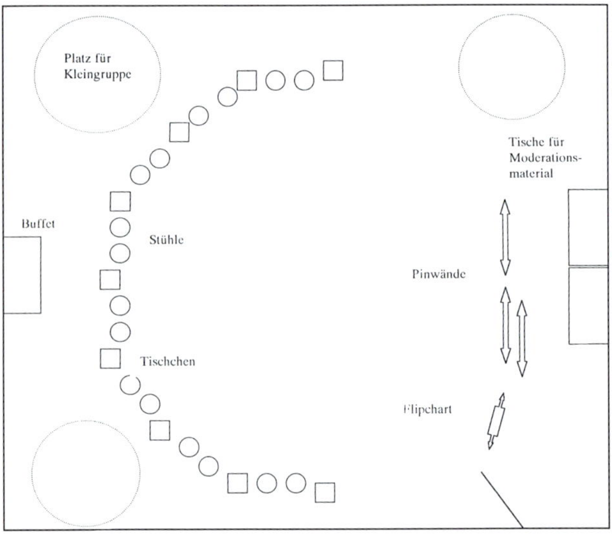

8 Medien und Formen der Visualisierung

Vorteile der Visualisierung

Die Visualisierung, also die »Verschriftlichung« und für alle sichtbare Abbildung von Informationen, ist ein Grundpfeiler der Moderationsmethode. Visualisierung bringt eine Reihe von Vorteilen, die erheblich zur erfolgreichen und zielgerichteten Arbeit mit der Moderationsmethode beitragen:

Vorteile der Visualisierung

- Visualisierungen ermöglichen es, Informationen für alle sichtbar sofort darzustellen und festzuhalten. Es bestehen dadurch keine nachträglichen Schwierigkeiten bei Zusammenfassungen, Interpretationen, Weiterbearbeitungsschritten oder Dokumentationen.
- Visualisierte Aussagen erleichtern eine gemeinsame Interpretation bei allen Teilnehmer/innen einer Besprechung. Sie erhöhen die Chance, Probleme konkreter zu diskutieren, gleichsinniger wahrzunehmen und auf einen gemeinsamen Punkt zu konzentrieren.
- Die Visualisierung zwingt die Moderator/innen zu einer Auswahl der wesentlichen Informationen. Die Aufnahmekapazität der Teilnehmer/innen wird nicht so schnell überfordert.
- Verbal schwer zu erklärende Sachverhalte können durch die optische Unterstützung oft leichter vermittelt werden.
- Gleichzeitig Gehörtes und Gesehenes bleibt besser im Gedächtnis haften. Die Merkfähigkeit und der Überblick werden gestärkt, es geht im Laufe der Diskussion weniger Inhalt verloren.

Den letzten Aspekt kann man auch mit einem Bild illustrieren:

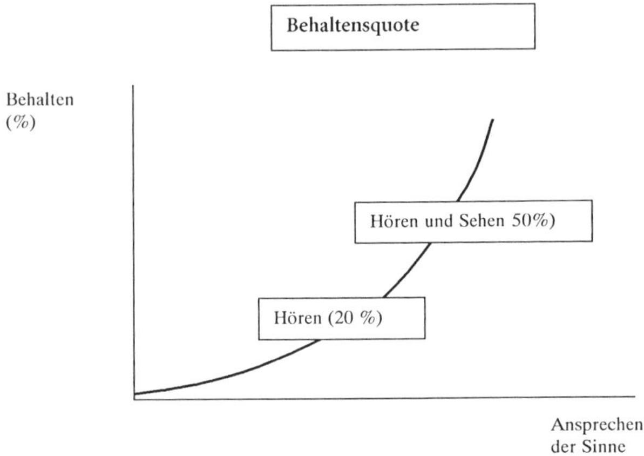

(nach Seifert, S. 13)

Die Visualisierung spielt schon in der Vorbereitung auf die moderierte Besprechung eine Rolle. Gestalten Sie Plakate, Bilder und Karten so, dass die Gruppe damit optimal arbeiten kann.

Noch ein weiterer Grund spricht für eine intensive Visualisierung: Der Betrieb von Kindereinrichtungen nähert sich durch Differenzierung der Aufenthaltszeit von Kindern und Teilzeitarbeitsplätze zunehmend dem Schichtdienst-Modell an. Sitzungen des gesamten Teams werden damit seltener, die Bedeutung von Kleingruppenarbeit nimmt zu. Visualisierungen tragen dazu bei, die durch Schrift gestützten Informationswege zu kultivieren.

Medien der Visualisierung

Für die Moderation ist ein Arsenal von Medien entwickelt worden. Im folgenden Abschnitt werden diese Medien und preiswerte Alternativen vorgestellt.

Pinwand und Packpapier

Die Moderations-Pinwand ist eine Weichfaserplatte in der Größe von ca. 125 x 150 cm. Die Pinwand wird für jeden neuen Arbeitsschritt mit einem entsprechend großen Packpapierbogen bespannt, der mit Stecknadeln befestigt wird. Die Papierbögen sind mit einem Netz von feinen Linien bedruckt, die Ihnen helfen, gerade zu schreiben.

Die Weichfaserplatte ist in einen Metallrahmen mit Füßen montiert. Auf diese Weise kann sie leicht im Raum oder im Haus bewegt und überall aufgestellt werden. Ist sie in der Mitte klappbar, können Sie sie auch im Auto oder im Zug transportieren. Pinwände sind so leicht, dass ein Erwachsener in einer entsprechenden Tasche bis zu drei komplette Wände tragen kann.

Pinwände gibt es in unterschiedlichen Luxuskategorien. Der Ausstattungsgrad verändert jedoch kaum den Gebrauchswert.

Die Pinwand kann außerhalb moderierter Besprechungen manchen anderen Zweck erfüllen. Sie kann dazu dienen, Projektdokumentationen anzubringen, Präsentationsfläche für Kinderzeichnungen, Raumteiler oder Projektionswand für Dias sein. Deshalb lohnt sich die Anschaffung langfristig ganz bestimmt.

Alternativen sehe ich in technischer Hinsicht nicht. Jeder Kompromiss beeinträchtigt die Funktion erheblich. Um sachgerecht arbeiten zu können, brauchen Sie eine Arbeitsfläche von knapp zwei Quadratmetern, deshalb sind kleinere Pinwände aus dem Spielzeugsortiment oder Styroporplatten ungeeignet. An die Wand gedübelte Weichfaserplatten aus dem Baumarkt sind nicht transportabel. Auf Packpapier, das an Raumteilern befestigt ist, können Sie Karten nur festkleben, nicht jedoch mit Nadeln anstecken.

Geringe Einsparungen sind möglich, wenn Sie kein geschnittenes Packpapier kaufen, sondern sich das Papier von einer Rolle schneiden. Auch wenn Sie die Pinwände selbst bauen, sparen Sie natürlich.

Flipchart

Flipchart-Papier ist ca. 70 x 100 cm groß und wird auf einem speziellen Ständer befestigt. Es eignet sich zum Dokumentieren von Informationen wie der Tagesordnung, Ergebnissen oder anderen Aussagen, mit denen nicht weiter gearbeitet werden soll.

Das Flipchart gehört nicht zu den einschlägigen Medien der Moderationsmethode, ist aber als zusätzliches Arbeitsinstrument sinnvoll. Langfristig lohnt sich der Kauf eines Flipchart-Ständers, der auch außerhalb moderierter Besprechungen eingesetzt werden kann (auf Bereichsbesprechungen, auf Elternabenden; für den Aushang von Veranstaltungsplakaten).

Alternative: Im Arbeitsprozess reicht es häufig, eine Befestigungsmöglichkeit für das Flipchartpapier zu haben, so dass es für alle Teilnehmer/innen sichtbar ist. Statt Flipchartpapier können Sie auch die Rückseite von entsprechend großen Veranstaltungsplakaten nutzen.

Moderationskarten und Nadeln

Moderationskarten sind aus dünnem Karton, es gibt sie in unterschiedlichen Formen. Die gebräuchlichsten Formen und Verwendungsmöglichkeiten:

Rechteckkarten
(ca. 21x10 cm) für Teilnehmer/innen-Aussagen oder andere Texte

Ovale Karten
(ca 19x11 cm für Diskussionsbeiträge

Große **Kuller**
(ø 20 oder 14 cm) für Betonungen und Überschriften, kleine (ø 10 cm für Namenschilder

Streifen (ca 55x10 cm) für Überschriften, Thesen oder Aussagen zur Diskussion

Der Handel bietet inzwischen auch weitere Kartenformen an (Wolken, Sechsecke, Sprechblasen etc.).

Die Karten gibt es in unterschiedlichen Farben (weiß, grün, orange, gelb, blau, rot) und Farbsättigungen, so dass sich, multipliziert mit den Kartenformen, eine große Anzahl an Variationen bietet. Ein häufiger Anfängerfehler ist es, diese Buntheit komplett zu nutzen. Sie sollten in der Moderation besser nicht zu viele unterschiedliche Farben und Formen gleichzeitig einsetzen, da die entstehenden Wandbilder sonst eher verwirren. Dunkelblau und Rot bilden zudem nur einen geringen Kontrast zur Schriftfarbe.

Solange die Moderation nicht abgeschlossen ist, werden die beschrifteten Karten mit Moderationsnadeln an der Pinwand angebracht. (Packpapier nicht vergessen!) Sie lassen sich dann leicht umsortieren. Verwenden Sie auf keinen Fall die sogenannten Pinwandnadeln aus dem Supermarkt (kurze Nadeln mit dicken Kopf), da sie wegen ihres ca. viermal dickeren Schafts große Löcher in der Faserplatte hinterlassen. Auch Stecknadeln sind nicht geeignet, da sie zu lang und zu dünn sind (Verletzungsgefahr).

Für die laufende Moderation ist es nützlich, wenn Sie die Nadeln nicht unter Schmerzen aus einer Schachtel herausklauben müssen, sondern aus einem Nadelkissen ziehen können.

Alternativen: Vorausgesetzt, Sie besitzen Pinwände – dann verursacht lediglich der Nachkauf der Karten relevante Kosten. Eine einfache Alternative gibt es für die Wolken: Es genügt, wenn Sie mit einem roten Filzstift die Wolken auf das Plakat zeichnen. Die Rechteckkarten und Streifen könnten Sie selbst schneiden. Verwenden Sie dazu farbiges Papier mit einer Stärke von mindestens 100g/qm. Wenn Sie Ihre Arbeitszeit berechnen, dürfte sich bei der eigenen Arbeit aber kaum eine Einsparung ergeben. Besser ist es, sorgsam mit dem Material umzugehen und zu berücksichtigen, dass alle Karten zweiseitig verwendbar sind.

Filzschreiber

In der Moderation werden nur Filzstifte mit einer abgeschrägten Schreibkante benutzt (z. B. »edding 1« oder »Moderations-Marker Neuland Nr. 1«). Das verleiht der Schrift einen deutlich lesbaren und kalligraphischen Charakter; selbst weniger schöne Handschriften können dadurch ansehnlich werden (vgl. Abschnitt »Schrifttechnik«).

Für die Moderation benötigen Sie einen schwarzen Filzschreiber pro Teilnehmer/in. Größere Überschriften an der Pinwand erfordern einen besonders dicken Filzschreiber (z. B. »edding

800« oder »Trainermarker«). Farbige Schreiber be-nötigen Sie nur in geringer Zahl für die Gestaltung von Plakaten.

Verwenden Sie grundsätzlich nachfüllbare Filzschreiber, das schont die Umwelt und Ihr Budget. Überprüfen Sie vor der Moderation die Funktionsfähigkeit. Sollten Filzstifte während der Arbeit aussetzen, werden sie sofort zum Nachfüllen aussortiert.

Klebepunkte

Selbstklebepunkte (Durchmesser: 20 mm) dienen zur Markierung, Bewertung und Auswahl von Aussagen. Auch sie gibt es in unterschiedlichen Farben, pro Bewertungsrunde wird jedoch nur eine Farbe eingesetzt. Ich ziehe rote Punkte wegen ihrer Leuchtkraft vor. Da immer wieder unterschiedliche Mengen von Punkten an die Teilnehmer/innen auszugeben sind, ist ein rollenförmiger Spender von Vorteil.

Alternative: Für Einpunktabfragen kann es genügen, wenn jeder Teilnehmer mit dem Filzstift einen Punkt oder ein Kreuz malt.

Weitere Hilfsmittel

Sie brauchen nur noch wenige einfache Hilfsmittel:

- Schere
- Krepp-Klebeband
- Klebestifte (zum Fixieren der Karten nach Abschluss der Arbeit)

Aufbewahrung der Medien

Es ist praktisch und ästhetisch befriedigend, alle Materialien in einem Moderationskoffer aufzubewahren. Ein Koffer ist transportabel und am Arbeitsort haben Sie die Materialien übersichtlich geordnet zur Verfügung (wenn Sie nicht vergessen haben, vorher den Inhalt zu überprüfen). Leider ist ein solcher Koffer recht teuer.

Alternative: Für den stationären Einsatz genügt auch ein übersichtlich eingerichteter, stabiler Karton. Im Fotofachhandel gibt es preiswerte Koffer, deren Aufteilung Sie selbst gestalten können.

Schrifttechnik und optische Gestaltung

Der Filzschreiber wird so in die Hand genommen, dass Sie mit der vollen Breitseite schreiben. Beim Trainermarker schreiben Sie mit der kleineren Kante.

Während der Schreibens werden die Stifte nicht gedreht. Bei Abstrichen entsteht daher ein dicker Strich, Querstriche werden dünner.

Geschrieben wird in Druckbuchstaben mit Groß- und Kleinschreibung. Probieren Sie es aus:

WENN SIE SÄTZE NUR IN GROSSEN DRUCKBUCHSTABEN SCHREIBEN, SETZT DAS DIE LESBARKEIT HERAB.

Im Verhältnis zu den Mittellängen (das ist zum Beispiel der »Bauch« des b) werden die Oberlängen (der senkrechte Strich des b) und Unterlängen (der Strich des p) klein gehalten. So wird Platz auf den Karten gespart, die einzelnen Zeilen sind deutlicher voneinander abgehoben. Passen Sie die Schriftgröße der Größe des Raums bzw. der Anzahl der Teilnehmer/innen an.

Rechteckige und ovale Karten werden mit bis zu drei Zeilen beschrieben. Das zwingt Sie, Aussagen kurz zu fassen bzw. Halbsätze zu bilden. Als Faustregel kann gelten: **Maximal sieben Wörter in drei Zeilen.**

Neben Wörtern wird auf der Pinwand auch (sparsam!) mit grafischen Symbolen gearbeitet, die mit den Filzmarkern gezeichnet werden. Die gebräuchlichsten sind:

——— verbindet Aussagen; als geschlossene Umrahmung: Cluster

 markiert Widerspruch, Meinungsverschiedenheit oder Konflikt

→ hebt Aussage hervor; ordnet zu

Bei der Anordnung aller Elemente an der Pinwand sowie beim Beschreiben der Karten orientieren Sie sich an der bei uns üblichen Leserichtung von links nach rechts und von oben nach unten. Beginnen Sie immer links oben.

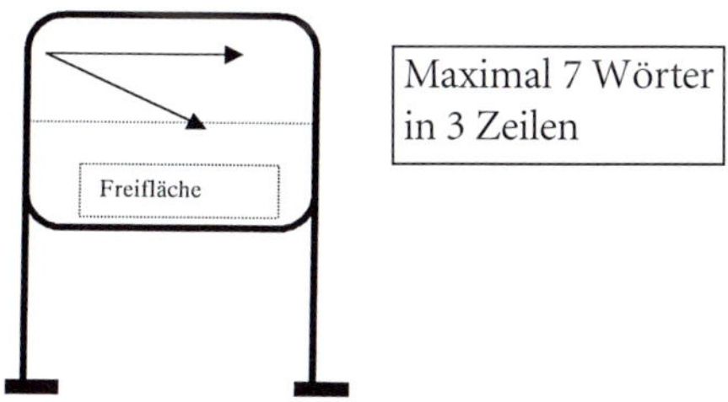

Das eigentümlichste Gestaltungsmittel ist die **Freifläche**. Lassen Sie auf jeder Pinwand einen freien Raum. Die Freifläche signalisiert: »Hier ist noch Raum für weitere Ideen.« Diese Fläche müssen Sie bereits beim Entwurf (»Komposition«) einplanen. Sie haben dann Platz für Umgruppierungen oder Ergänzungen. Die Freifläche befindet sich oft im unteren Teil, denn hier müssen Sie zum Schreiben ohnehin in die Knie gehen. Sie kann aber auch ebenso gut in der Mitte oder am Seitenrand vorgesehen sein.

Um die Karten an der Pinwand anzubringen, gibt es je nach Zweck unterschiedliche gestalterische Elemente. Die gebräuchlichsten sind:

Liste mit Überschrift

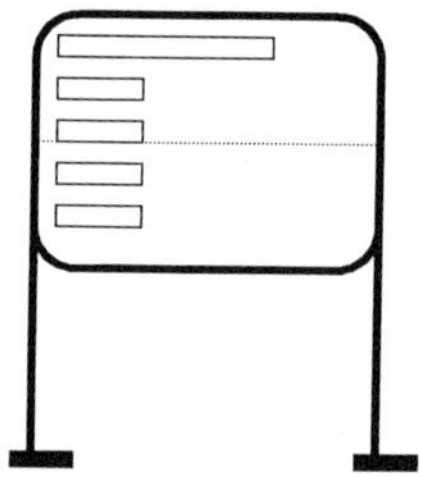

Clusterbildung

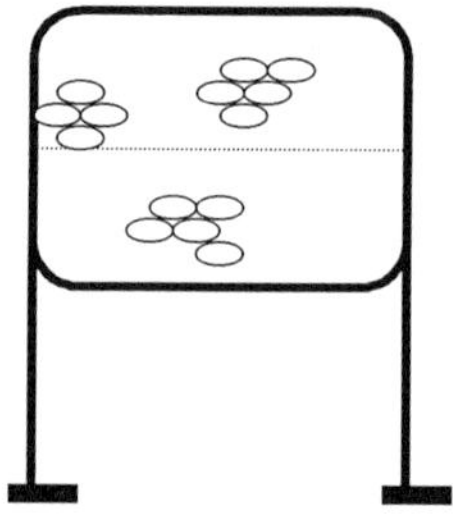

Tabelle

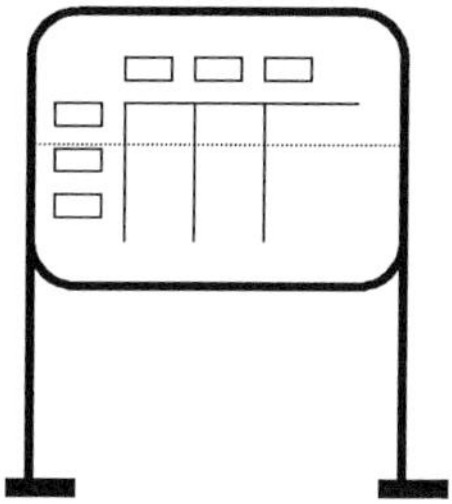

Zwei-Felder-Tafel/Vier-Felder-Tafel

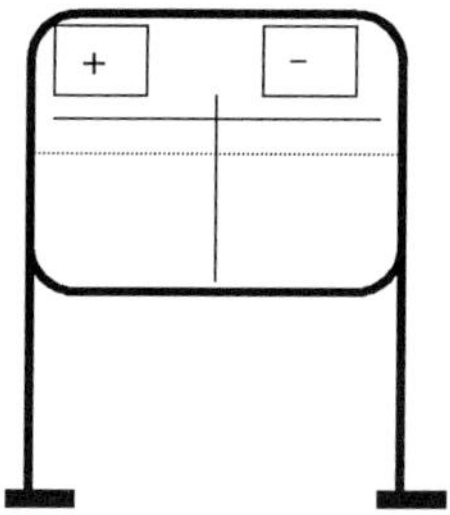

Die visuellen Elemente sind Hilfsmittel für die schriftliche Diskussion im Rahmen einer Moderationssequenz. Wie Sequenzen aufgebaut werden, erfahren Sie im nächsten Kapitel.

9 Der Ablauf der Moderation

Die Einleitung

Nach der Begrüßung spielt in der Anfangsphase der Besprechung der **Kontrakt mit den Teilnehmer/innen** eine besonders wichtige Rolle. Im Kontrakt klären Sie mit den Teilnehmer/innen, worum es in der Besprechung geht und welche Regeln dafür gelten sollen. Typische Fragestellungen dafür sind:

- Wie viel Zeit haben wir heute?
- Welche Themen liegen an?
- Wer übernimmt besondere Aufgaben?
- Welche Spielregeln vereinbaren wir für die Arbeit?

Die Inhalte des Kontrakts können Sie vorgeben oder vorschlagen. Die befriedigendste Form ist es oft, den Kontrakt mit den Teilnehmer/innen gemeinsam zu erarbeiten. Entscheidend ist, dass am Ende eine für alle verbindliche Vereinbarung gilt. Ohne einen verbindlichen Kontrakt können Sie weder als interne noch als externe Moderator/innen erfolgreich arbeiten. Ein Kontrakt nutzt aber nicht nur den Moderator/innen: Er ist auch für die Gruppe von Vorteil, die nun weiß, worauf sie sich einlässt. Mögliche Spielregeln finden Sie im Kapitel 13 (S. 108).

Zur Einleitung gehört ebenfalls eine **Information über das Thema**. Die Teilnehmer/innen werden über folgende Fragen informiert:

- Was ist der Anlass für dieses Thema?
- Welches Wissen haben wir bereits zur Fragestellung?
- Welche Vorarbeiten bzw. Vorentscheidungen liegen vor?
- Welche Ergebnisart wollen wir erreichen?

In der Regel werden diese Informationen durch die Moderator/innen gegeben. Es ist aber auch möglich, Expert/innen aus dem Teilnehmerkreis oder von außen mit der Informationsvermittlung zu beauftragen. Diese Information kann knapp sein. Möglicherweise muss aber zur Vorbereitung einer kompetenten Bearbeitung des Themas durch die Gruppe an dieser Stelle sogar ein Vortrag eingeplant werden. In jedem Fall ist es hilfreich, die Informationsvermittlung durch Visualisierung zu unterstützen.

Der Hauptteil

Im Mittelpunkt der moderierten Besprechung steht die Bearbeitung des Themas durch die Teilnehmer/innen. Diese Hauptphase Ihrer Moderationssequenz besteht in der Regel aus mehreren Fragen, denen bestimmte Frageformen zugeordnet sind.

Die Fragen führen die Teilnehmer/innen der Moderation schrittweise von der Problemeinführung über die Problemdiskussion zur Problemlösung. Ausgehend von einer oft einfachen Frage wird dabei zunächst eine Fülle von Aspekten und Ideen entwickelt, die dann wiederum nach und nach bis zur Lösung reduziert wird. Grafisch ausgedrückt, sieht das so aus:

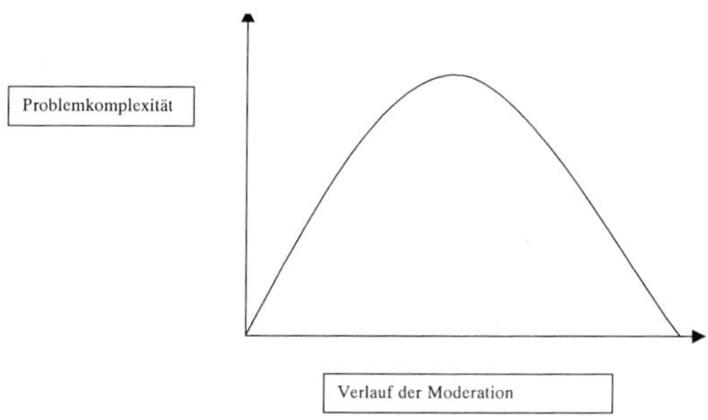

In der Beispiel-Diskussion zum Thema »Bewerbung um die Beteiligung am QS-Projekt« (vgl. S. 24) verläuft das so:

Nach einer einleitenden Einführung durch die Leiterin, Frau L., (Information und Definition des Entscheidungsspielraums) stellt Frau S. eine **Einpunktfrage** (methodisch ausführlich erklärt ab S. 69). Die Einpunktfrage lautet »Kommen wir heute zu einer Entscheidung über die Projektteilnahme?« und hat die Funktion, einen **ersten Schritt ins Thema** zu tun. Dieser erste Schritt erlaubt den Teilnehmer/innen, eine Prognose über das Ziel abzugeben – nicht unwesentlich vor dem Hintergrund, dass man aus verschiedenen Gründen diese Entscheidung bisher aufgeschoben hat. Gleichzeitig entsteht ein Stimmungsbild in Bezug auf das Thema.

Ein wichtiger Schritt bei einer solchen Einpunktfrage ist die Erfragung von möglichen Motiven (»Was könnte hinter der Antwort XY stecken?«). Diese Frage macht mögliche Hintergründe erkennbar. Gleichzeitig üben die Teilnehmerinnen und Teilnehmer, die Perspektive zu wechseln. Im Konjunktiv können Motive benannt werden, ohne dass man sich gleich persönlich bekennen muss,– eine wichtige Annäherungsmöglichkeit, gerade bei heiklen Punkten.

Im nächsten Schritt wird eine **Zuruf-Frage** (s. ab S. 71) gestellt. Sie lautet: »Welche Vorteile hätte die Teilnahme am Projekt?« Die Zuruf-Frage erlaubt eine zeitlich unaufwändige **Sammlung von Gesichtspunkten**, die oft Kriterien für die spätere Entscheidung liefern.

Die nächste Frage, die Frau S. stellt, ist eine **Kartenabfrage** (s. ab S. 72). Sie fragt: »Welche Probleme sehe ich bei einer Projektteilnahme?«. Bei der Kartenabfrage werden **Aspekte und Ideen unter breiter Beteiligung** gesammelt, alle Teilnehmer/innen tragen in gleicher Weise dazu bei. Kartenabfragen stellt man, wenn die zu sammelnden Bemerkungen weiter bearbeitet werden sollen.

Häufig folgt jetzt die so genannte **Mehrpunktfrage** (s. ab S. 75). Sie dient dazu, die im Rahmen der Kartenabfrage gebildeten Cluster zu **bewerten** und damit eine Reihenfolge oder die Priorität der Weiterbearbeitung festzulegen. Da sich in der geschilderten Sitzung alle Fragen zu drei Clustern ordnen ließen, konnte dieser Schritt übersprungen werden. Sonst hätte Frau S. gefragt: »Welche Themen von den genannten sind am gravierendsten?« Die Kolleg/innen hätten dann mit jeweils mehreren Punkten ihre Rangfolge bestimmt.

Mit den Clustern beschäftigen sich nun **Kleingruppen** (s. ab S. 77). In unserer Teamsitzung erhalten sie den Auftrag, die gesammelten Fragen im Hinblick auf die Entscheidung zu diskutieren. Diese Arbeit signalisiert, dass die gestellten Fragen ernst genommen und gründlich bedacht werden sollen. Das Ergebnis ist offen: Die Bedenken könnten sich verfestigen; durch gemeinsames und ernsthaftes Nachdenken entwirren sie sich aber häufig auch.

Im **Plenum** bringen die Kleingruppen schließlich ihre Arbeitsergebnisse ein. Dies ist ebenfalls eine wichtige Phase, zumal dann, wenn in den Kleingruppen mehrere wichtige Themen parallel bearbeitet worden sind. Das Plenum sichert dem einzelnen Teilnehmer, dass er von keiner Diskussion abgeschnitten bleibt.

Da es in dieser Sitzung um eine einfache Entscheidung geht (Ja oder Nein), haben Frau S. und Frau L. nun ein **Abstimmungsverfahren** mit qualifizierter Mehrheit gewählt. (Zu anderen Möglichkeiten vgl. den TOP-Band »Teamentwicklung«, Kapitel »Entscheidungen treffen«).

Auch die Entscheidung wird visualisiert. Frau L. informiert abschließend über das weitere Vorgehen.

Abschluss und Besprechungsprotokoll

Damit ist die Moderation zu diesem Punkt beendet. Der **Abschluss** besteht in unserem Beispiel aus einem informellen »Nachsitzen«. Oft werden Moderationssequenzen auch durch ein Stimmungsbarometer oder eine Abschlussfrage abgeschlossen (vgl. Beispiele im Kapitel 11).

Während der Moderation entsteht eine Fülle von Wandzeitungen etc. Nicht alle müssen aufgehoben oder protokolliert werden. Ergebnisse, die für eine spätere Verwendung dokumentiert werden sollen, können unterschiedlich gesichert werden:

- Sie fotografieren die Wandzeitungen mit einem Pinwandkopierer oder der Kamera. Die Fotos werden in ein Protokollformular geklebt und können kopiert werden.
- Den Themenspeicher mit Stichworten zu den Ergebnissen auf einem Flipchart-Bogen können Sie in einer Schublade des Papierschranks als Original aufheben oder für den Protokollordner abschreiben bzw. fotografieren.

Was hat das Team sich erarbeitet? Auf der **Sachebene** hat sich das Team neben der Entscheidung in Bezug auf die Bewerbung vor Augen geführt und aufgeschrieben, welche offenen Fragen, Vorteile und Probleme mit der Teilnahme am Projekt verbunden sind. Besonders die für die Entscheidung relevanten Probleme konnten dabei in kollegialen Gesprächen untersucht werden.

Auf der **Beziehungs- und Personenebene** wurden durch die Moderation die Bedingungen für eine sowohl persönliche als auch einrichtungsbezogene Entscheidung geschaffen. Alle Teilnehmer/innen konnten sich mit ihren Gedanken beteiligen. Auf der **Institutionenebene** wurde ein Beitrag für die Identifikation mit der Einrichtung geleistet.

Überblick über eine Moderationssequenz

Der folgende Überblick zeigt Ihnen noch einmal die wichtigsten Arbeitsschritte. Sie können das Schema auch zur Vorbereitung Ihrer eigenen Moderationssequenz nutzen.
Wie Sie am »Till Eulenspiegel«-Beispiel erfahren haben, ist nicht immer jeder Schritt notwendig. Umgekehrt müssen Sie manchmal auch »Schleifen« einziehen, die Wiederholung von einzelnen Phasen auf einem höher entwickelten Reflexionsniveau.

Schritt	**Ziel**	**Mögliche Methoden (Auswahl)**	**Methodische Erläuterung auf Seite ...**
1. Kontrakt	Vereinbarungen über Zeit, Ziel und Spielregeln	Wandzeitung Verhandeln	62, 108
2. Information	Gruppe über wichtige Fakten in Kenntnis setzen, Kompetenz erhöhen	Protokoll Kurzvortrag Wandzeitung	62, 96
3. Einstieg	Erster Schritt ins Thema	Einpunktfrage	69
4. Sammeln	Kriterien, die die Entscheidung beeinflussen	Zuruf-Frage	71

Schritt	Ziel	Mögliche Methoden (Auswahl)	Methodische Erläuterung auf Seite ...
5. Sammeln	Fragestellungen oder Ideen für die Weiterarbeit	Kartenabfrage	72
6. Gewichten	Auswahl von Themen	Mehrpunktabfrage	75
7. Bearbeiten	Vertiefen, Konkretisieren oder Lösen der Themen	Kleingruppenarbeit	77
8. Planen	Entscheidungen über Umsetzung; Ergebnissicherung	Abstimmung, Tätigkeitskatalog, Fragenspeicher	80
9. Abschluss	Abschluss der Arbeit, »cooling down«	Stimmungsbarometer Informelles »Nachsitzen«	82

Im nächsten Kapitel werden die Frageformen der Moderationsmethode vorgestellt.

10 Frage- und Arbeitsformen und ihre Moderierung

Einpunktfragen

Der Zweck der Einpunktfrage kann sein:

- eine erste Annäherung an das Thema, eventuell in spielerischer Weise
- die Stimmung der Gruppe in Bezug auf das Thema oder die Situation zu heben
- Erwartungen (positiv wie negativ) transparent zu machen
- eine Abschlussbewertung vorzunehmen

Durchführung:

- Alle Teilnehmer/innen erhalten einen Klebepunkt.
- Die Moderator/innen stellen eine klar formulierte Frage. Diese Frage ist auf einem Plakat visualisiert; auf dem Plakat ist eine Fläche markiert, auf der die Punkte aufgeklebt werden können.
- Die Moderator/innen erkundigen sich, ob die Frage von allen verstanden wird.
- Sie fordern dazu auf, die Frage individuell und stumm zu beantworten.
- Die Teilnehmer/innen machen durch Handzeichen deutlich, dass sie sich entschieden haben.
- Die Moderator/innen fordern die Teilnehmer/innen auf, möglichst gleichzeitig nach vorne zu kommen und die Punkte zu vergeben.
- Das entstandene Bild wird besprochen; zunächst als Gesamtbild, dann werden einzelne Punkthäufungen (sofern vorhanden) kommentiert. Dabei wird keinesfalls die Anonymität des Verfahrens aufgehoben (»Wer hat denn diesen Punkt geklebt?«) Mögliche Fragestellungen sind:

  - »Was drückt dieses Bild für Sie aus?«
  - »Wie könnte man das interpretieren?«
  - »Welche Motive/Erfahrungen könnten hinter dieser Bewertung stecken?«
- Die Moderator/innen visualisieren die Kommentare der Teilnehmer/innen.

Beispiel für eine Einpunktfrage:

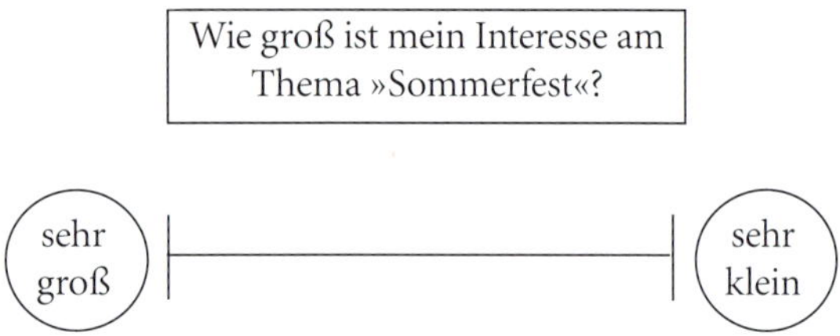

Erläuterung und Varianten:
Die Kommentierung des entstandenen Bildes ist der entscheidende Schritt des Verfahrens; es fordert zum Perspektivenwechsel auf und bringt damit die Gruppenmitglieder einander näher.

Die Entscheidung, welche Punkte zu Clustern verbunden werden, hat die Gruppe, wobei Sie als Moderator/in Vorschläge machen können. Bei der Kommentierung beginne ich in der Regel mit den kleineren Clustern. Damit unterstreiche ich die Legitimität von Minderheitsvoten.

Das oben geschilderte Verfahren ist halbanonym, denn es kann nicht verhindert werden, dass einzelne Teilnehmer/-innen bei ihrer Punktabgabe von anderen beobachtet werden. Das wird von einzelnen Teilnehmern oft geradezu provoziert, die betont langsam als Letzte zur Pinwand schreiten. Völlig anonym wird das Verfahren dann, wenn Sie die Teilnehmer/-innen bitten, ihr Votum auf einen Zettel zu schreiben. Sie sammeln dann diese Zettel ein und übertragen die Wertungen auf die Pinwand.

Zuruf-Fragen

Zweck der Zuruf-Frage kann sein:

- das unsystematische und spontane Sammeln von Einfällen und Themen
- die gegenseitige Anregung innerhalb der Gruppe
- das Sammeln von Kriterien

Durchführung:

- Die Moderator/innen stellen eine klar formulierte Frage, die auf einer Wandzeitung visualisiert ist.
- Sie fordern die Teilnehmer/innen auf, ihnen spontane Einfälle zu dieser Frage zuzurufen.
- Die Zurufe werden in zwei Kolonnen untereinander notiert.
- Wenn keine Zurufe mehr aus der Gruppe kommen, schlagen die Moderator/innen vor, diesen Arbeitsschritt zu beenden.

Beispiel für eine Zuruf-Frage:

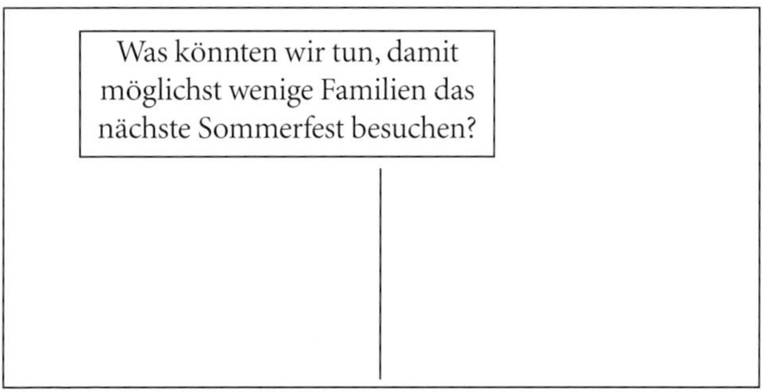

Erläuterung und Varianten:
Die Zuruf-Frage ähnelt dem bekannten Brainstorming. Sie ist ein gutes Verfahren, wenn die Aussagenproduktion durch gegenseitige Anregung angekurbelt werden soll.

Die im Beispiel gezeigte Frage ist eine »Kopfstandfrage«. Ich verwende Kopfstandfragen gerne, wenn das Thema spielerisch und damit weniger angestrengt behandelt werden soll. In diesem Beispiel können Häme und Ironie eine Zufuhr an Energie bringen. Bei Kopfstandfragen kann es sinnvoll sein, in einem weiteren Schritt die Aussagen positiv umzuformulieren.

Wählen Sie Zuruf – Fragen nur für Themen, bei denen Sie nicht unendlich viele Antworten erwarten. Das Aufschreiben dauert sonst zu lange. Da die Zurufe öffentlich sind, ist es für diese Frage besonders wichtig, die Gruppe einschätzen zu können (s. Fragen zur Gruppenanalyse, S. 47). Sonst stehen Sie am Ende vor einem stummen Publikum, das sich zur Frage nicht äußern möchte oder darf.

Um den Gedankenfluss nicht zu sehr drosseln zu müssen, sollten Sie die Zurufe zu zweit aufschreiben. Eventuell bitten Sie ein Mitglied der Gruppe, Ihnen zu helfen.

Den Packpapierbogen können Sie mehrfach falten, so dass die Knickfalten Hilfslinien bilden (»16er-Liste«).

Kartenabfragen

Zweck der Kartenabfrage ist es:
- Ideen, Vorschläge oder Meinungen der Teilnehmer/innen zu erfragen
- durch das (halb-)anonyme Verfahren auch ungewöhnliche Gedanken öffentlich zu machen
- durch die Möglichkeit von Dopplungen Übereinstimmungen deutlich werden zu lassen

Durchführung:

- Alle Teilnehmer/innen erhalten rechteckige Karten der gleichen Farbe und je einen Filzschreiber.
- Die Moderator/innen stellen eine klar formulierte Frage, die auf einem Streifen visualisiert ist.
- Sie laden die Teilnehmer/innen ein, auf den Karten ihre Antworten zur Frage zu notieren. Auf jede Karte wird nur eine Antwort geschrieben.
- Die Moderator/innen sammeln die Karten ein.
- Nacheinander werden nun die Karten von den Moderator/innen vorgelesen und an die Pinwand geheftet. Zusammengehörende Antworten werden nebeneinander angebracht. Die Entscheidung darüber trifft die Gruppe.
- Am Ende wird diese Clusterbildung noch einmal überprüft. Zum Abschluss der Überprüfung umrahmen die Moderator/innen die einzelnen Cluster und geben ihnen eine Nummer oder – in Abstimmung mit der Gruppe – eine Überschrift.

Beispiel für eine Kartenabfrage:

> Welche Ideen habe ich für neue
> Elemente auf unserem Sommerfest?

Erläuterung und Varianten:

Die Kartenabfrage steht im Zentrum der Moderation und ist ein Höhepunkt der Komplexitätserweiterung.

Da die Gruppenmitglieder ihre Beiträge selbst aufschreiben,

ist es wichtig, dass die Moderator/innen zuvor die Grundregeln der Schrifttechnik erläutern:

- maximal sieben Wörter in drei Zeilen
- nur eine Aussage pro Karte
- Halbsätze bilden

Um das »Clustern« nicht endlos auszudehnen, begrenzen Sie die Anzahl der Karten. Insgesamt sollten nicht mehr als ca. 40 Karten ausgegeben werden. Pro Teilnehmer/in sind das

bei ... Teilnehmer/innen	Kartenanzahl pro Person
bis zu 10	3-4
11 – 15	2-3
16 – 20	2

Anstatt die einzelnen Teilnehmer/innen Karten schreiben zu lassen, können Sie auch Kleingruppen (von zwei bis fünf Personen) bilden lassen, die eine entsprechende Kartenanzahl erhalten. Dadurch ist es möglich, auch in größeren Gruppen eine Kartenabfrage durchzuführen.

Kleiner Trick: Durch das Mischen der Karten vor dem Verlesen erschweren Sie, dass alle Karten einer Person frühzeitig »abgearbeitet« sind.

Für mehr als 25 Karten brauchen Sie bereits eine zweite Pinwand. Wenn alle Karten angepinnt sind, können Sie dazu einladen, noch zusätzliche Karten mit Ideen zu schreiben, die bisher nicht an der Wand hängen (»Löcheranalyse«).

Beim Sortieren zu Clustern können einzelne Aussagen häufig zu mehreren Clustern gehören. Führen Sie dann keine langen Diskussionen. **Verdoppeln** Sie einfach die Karte, indem Sie die Aussage noch einmal auf eine zweite Karte schreiben.

Mehrpunktfragen

Zweck der Mehrpunktfrage kann sein:

- eine Gewichtung unter mehreren Themen vorzunehmen
- die Bewertung unterschiedlicher Aussagen, Herstellung eines Meinungsbildes der Gruppe

Durchführung:

Gewichtung mehrerer Themen (im Anschluss an die Kartenabfrage):

- Alle Teilnehmer/innen erhalten eine begrenzte Anzahl von Selbstklebepunkten.
- Die Moderator/innen stellen eine klar formulierte Frage, die sich auf die Gewichtung der in der Kartenabfrage gebildeten Cluster bezieht. Diese Frage ist auf der Wandzeitung visualisiert. Für jedes Cluster ist eine Fläche markiert (zum Beispiel durch eine unbeschriebene Karte), auf der die Punkte angebracht werden können.
- Die Moderator/innen fordern die Gruppenmitglieder auf, individuell und ohne Austausch ihre Wahl zu treffen. Diese Entscheidung notieren sich die Teilnehmer/innen auf einem Notizzettel (Moderationskarte).
- Durch ein Handzeichen signalisieren die Teilnehmer/-innen, dass sie sich entschieden haben.
- Wenn alle das Signal gegeben haben, fordern die Moderator/innen die Teilnehmer/innen auf, ihre Wahl durch möglichst gleichzeitiges Anbringen der Klebepunkte an den entsprechenden Clustern auf der Pinwand zu dokumentieren.
- Die Moderator/innen zählen die Punkte; die jeweilige Summe wird für alle erkennbar auf die Wandzeitung geschrieben.

Beispiel für eine Mehrpunktfrage:

Welche Ideen sollten auf jeden Fall verwirklicht werden?

Bewertung unterschiedlicher Aussagen:

- Die Durchführung ist sinngemäß gleich. Die Gruppe hat hier aber nicht Cluster in eine Rangfolge zu bringen, sondern Aussagen zu bewerten. Es handelt sich im Grunde um eine Reihung von Einpunktfragen.

Beispiel für eine solche Mehrpunktfrage:

Wir haben einige Aussagen von Eltern zum letzten Sommerfest gesammelt. Inwiefern stimmen Sie Ihnen zu?				
Aussage	Stimme zu	teils – teils	Stimme nicht zu	Weiß nicht
Aussage 1				
Aussage 2				
Aussage 3				
etc.				

Erläuterungen und Varianten:

Die Mehrpunktfrage soll zu einer Gewichtung führen. Deshalb ist es wichtig, dass Sie die Anzahl der ausgegebenen Klebepunkte begrenzen. Als Faustregel gilt: höchstens halb so viele Punkte wie Cluster, bei großen Arbeitsgruppen eher weniger.

Je mehr Punkte von einzelnen Teilnehmer/innen vergeben werden können, desto größer ist die Gefahr, dass wenige Personen mit einer Massierung von Punkten Trends setzen können. Begrenzen Sie deshalb eventuell die Zahl der pro Cluster zu vergebenden Punkte; Beispiel: »Sie können jedem Cluster maximal drei Ihrer sechs Punkte geben.«

Im Prinzip bestimmt die Mehrpunktfrage lediglich die Priorität. Stellen Sie deshalb das Ergebnis nicht als endgültigen Ausschluss von Ideen dar.

Kleingruppenarbeit

Zweck der Kleingruppenarbeit:
- Vertiefung oder Konkretisierung von Ideen
- intensivere Diskussion von Themen
- höhere Effektivität durch ein arbeitsteiliges Vorgehen
- produktive Beteiligung möglichst vieler Mitglieder der Gruppe

Durchführung im Anschluss an eine Mehrpunktfrage:
- Die Moderator/innen benennen die Themen, die von Kleingruppen arbeitsteilig weiter bearbeitet werden.
- Die Moderator/innen geben einen klar formulierten Arbeitsauftrag. Er enthält die Aufgabe und einen Zeitvorschlag.
- Die Teilnehmer/innen stecken ihr Namensschild an das Thema, an dem sie persönlich weiterarbeiten wollen.

- Die Gruppe klärt, ob arbeitsfähige Kleingruppen entstanden sind. Es sollten nicht mehr als fünf Personen eine Kleingruppe bilden. Wechsel sind jetzt noch möglich.
- Wenn die Gruppen gebildet worden sind, nehmen diese ihre Stichworte von der Pinwand ab.
- Jede Kleingruppe richtet sich ihren Platz zum Arbeiten ein. Es könnten sich fünf Minuten Schweigen anschließen. In dieser Zeit denkt jedes Mitglied über die Aufgabe nach.
- Nach Ablauf der festgelegten Zeit kommen die Kleingruppen im Plenum zusammen und präsentieren ihre Ergebnisse.

Beispiel für eine Kleingruppenaufgabe im Anschluss an die Mehrpunktfrage von S. 76:

Entwickeln Sie eine Beschreibung Ihres Sommerfest-Programmpunktes und einen Tätigkeitskatalog für die Vorbereitung!

Erläuterungen und Varianten:

Wenn die Kleingruppe ihre Aufgabe bekommt, sollte geklärt werden, ob sie Vorschläge für andere entwickelt oder bereits der Personenkreis ist, der das Erarbeitete auch umzusetzen hat.

Vor der Arbeit in der Kleingruppe sollte ebenfalls geklärt werden, welche Ergebnisart erreicht werden soll, also welche Definitionsvollmacht die Kleingruppe erhält. In der Regel ist es günstig, wenn das Plenum die Kleingruppenarbeit nicht nur »abnickt«, sondern in irgendeiner Form noch einmal bearbeiten kann, etwa durch Ergänzungen und Widerspruch. Jede Art von Ergänzung wird ebenfalls schriftlich festgehalten, in der Regel auf Karten oder – bei einfachem Widerspruch – durch das Symbol des Pfeils.

Es ist möglich, arbeitsteilig vorzugehen, von den Kleingruppen also unterschiedliche Themen bearbeiten zu lassen. Es kann aber auch reizvoll sein, gleiche Themen von mehreren Gruppen bearbeiten zu lassen. Die Präsentation enthält damit einen zusätzlichen, eventuell stimulierenden Konkurrenzaspekt.

Bei der Präsentation des Arbeitsgruppenergebnisses halten sich die Moderator/innen zurück. Die Verantwortung liegt bei der Kleingruppe.

Weitere Beispiele für Kleingruppenaufgaben finden Sie in Kapitel 11.

Diskussion innerhalb einer Moderation

Zweck einer Diskussion kann unter anderem sein:

- eine Verfahrensfrage zu klären
- kontroverse Meinungen zu einem Thema auszutauschen
- Übereinstimmungen zu suchen
- Aspekte eines Themas aufzufächern

Hinweise zur Durchführung:

- Die Moderator/innen legen gemeinsam mit der Gruppe das Thema fest.
- Ein Zeitrahmen für die Diskussion wird vereinbart.
- Mit den Teilnehmer/innen können Spielregeln vereinbart werden (Vgl. S. 108).
- Während der Diskussion übernehmen in der Regel die Moderator/innen die Gesprächsleitung. Sie achten auf die Einhaltung der Gesprächsregeln und des »roten Fadens«.
- Eine wichtige Aufgabe der Gesprächsleitung besteht darin, gewichtige Argumente, offene Fragen und (Zwischen-)Ergebnisse zu visualisieren.
- Durch gezielte Fragen können die Moderator/innen versuchen, stillere Teilnehmer/innen aktiv am Gespräch zu beteiligen.

- Auch für die Diskussion gilt, dass die Moderator/innen sich an ihre Neutralitätsverpflichtung halten.

Beispiele für Diskussionsfragen:

Klärung einer Verfahrensfrage:

> In welcher Reihenfolge bearbeiten wir die Themen?

Meinungsaustausch:

> Sind wir eine kundenfreundliche Einrichtung?

Thema auffächern:

> Welche unserer Leistungen sind dem Träger bekannt, welche nicht?

Tätigkeitskatalog

Zweck des Tätigkeitskatalogs:
- konkrete Maßnahmen festlegen
- verantwortliche Personen bestimmen
- Zeitrahmen abstecken
- Kontrollkriterien und -instanzen benennen

Durchführung:

- Die Moderator/innen erläutern die Spalten des Tätigkeitskatalogs.
- In den nachfolgenden Schritten protokollieren die Moderator/innen die Zurufe der Gruppe. Zuerst wird die Spalte »Was« ausgefüllt.
- Danach werden für die erste Tätigkeit die nächsten Spalten ausgefüllt, danach für die zweite Tätigkeit usw.
- Sollte sich niemand für eine bestimmte Tätigkeit finden, wird diese in eine Empfehlungsliste übertragen.

Schema und Kriterien für einen Tätigkeitskatalog (auch Maßnahmenplan genannt):

Was?	**Wer?**	**Mit wem?**	**Bis wann?**	**Wie?**
Tätigkeit konkret beschreiben	nur anwesende Personen eintragen	Helfer und Unterstützer	klare Zeitangabe	Kontrollkriterium, an dem die Erledigung überprüfbar ist
machbare Tätigkeit, keine Herkulesarbeit	Eintrag bedeutet »Verantwortlichkeit«, nicht immer Erledigung	oder auch nur Berater	realistisches Datum wählen	Woran erkennen wir, dass die Tätigkeit erledigt ist?
im vollständigen Satz beschreiben		als einzige Spalte eventuell entbehrlich		event. auch Benennung einer Kontrollinstanz o. -person.

Erläuterung:
Der Maßnahmenkatalog schließt in der Regel die Moderationssequenz ab. Ein gutes Stück Arbeit liegt hinter der Gruppe, die bis zu diesem Zeitpunkt erfolgreich gearbeitet hat. Deshalb macht sich jetzt leicht Euphorie breit. Plötzlich scheint alles machbar, was vielleicht jahrelang nicht angepackt wurde. Euphorie führt häufig zu einer Selbstüberschätzung der Gruppe bzw. einzelner Teilnehmer/innen, die jetzt möglicherweise zu viele Aufgaben auf einmal übernehmen wollen.
Es ist Ihre Aufgabe als Moderator/in, mäßigend zu wirken und für realistische Zielsetzungen zu werben. Doch die Entscheidungen fällen auch hier wieder die Teilnehmer/innen. Sie bleiben verantwortlich für ihr Tun.

Weitere Formen der Ergebnissicherung

Die Akzeptanz der Moderationsmethode hängt auch davon ab, ob es gelingt, mit ihrer Hilfe bessere Ergebnisse zu erreichen. Neben dem Tätigkeitskatalog gibt es dafür – je nach Aufgabe und gewünschter Ergebnisart – andere Formen.

Abstimmung
Nach der Diskussion halten Sie die Entscheidungsfrage schriftlich fest und bitten um ein Handzeichen. Wenn ein anonymes oder halbanonymes Verfahren gewünscht wird, können Sie die Entscheidung auch als Einpunktfrage moderieren. Wichtig für jede Abstimmung ist, dass über die Konsequenzen Klarheit herrscht. Eine Abstimmung ist nur dann sinnvoll, wenn sich auch die unterlegene Mehrheit an die Entscheidung gebunden fühlt. Andere Entscheidungstypen werden im TOP-Band »Teamentwicklung« (S. 84ff) erläutert.

Empfehlungsliste

Eine Empfehlungsliste wird aufgestellt, wenn die Gruppe nicht oder noch nicht über die Umsetzung der Ideen entscheiden kann. Die Empfehlungsliste kann von einer Kleingruppe oder vom Plenum nach Diskussion des zugrundeliegenden Themas aufgestellt werden. Wird die Empfehlungsliste von einer Kleingruppe formuliert, sollte das Plenum noch Gelegenheit erhalten, Stellung zu nehmen bzw. Erweiterungen vorzuschlagen.

Fragenspeicher

Ein Fragenspeicher wird angelegt, wenn
- während der Moderation Fragen entstehen, die nicht unmittelbar beantwortet werden können
- es das Ziel der Moderation war, Fragen zu einem Thema zu entwickeln.

Im Fragenspeicher wird die Formulierung von offenen Fragen verbunden mit Festlegungen für die weitere Arbeit.

Schema für einen Fragenspeicher:

Fragen-speicher	**Antworten**		
Frage	von wem	bis wann	in welcher Form
1			
2			
3			
4			
5			

Stimmungsbarometer/Prozessreflexion

Stimmungsbarometer und Prozessreflexion als Einpunktfrage können in folgenden Fällen verwendet werden:

- allgemein zum Abschluss einer Moderation
- wenn es Aufgabe der Moderation war, Beziehungen zu klären

Beispiel für ein Stimmungsbarometer:

Wie zufrieden sind Sie mit der Arbeit?

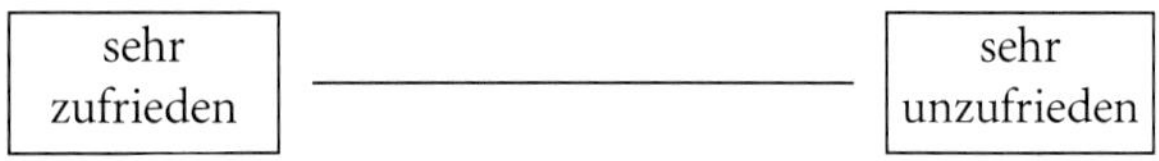

Beispiel für eine Prozessreflexion:

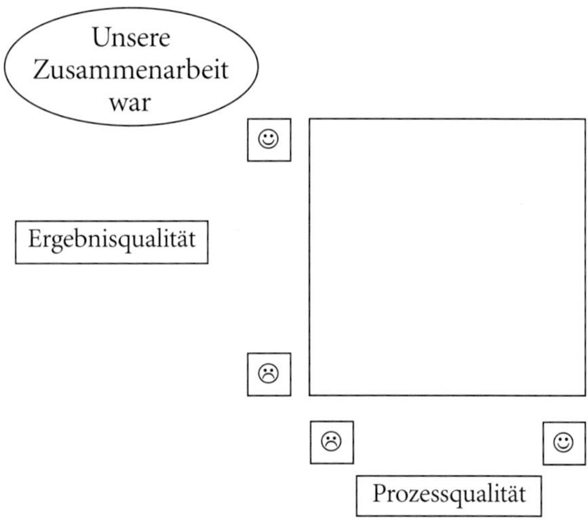

Rundgespräch

Zweck des Rundgesprächs kann sein:
- eine Momentaufnahme der Stimmungen, Meinungen oder Wünsche der Gruppenmitglieder zu erhalten
- den Moderator/innen Einblick in die Situation der Gruppe zu vermitteln
- Aufgeregtheit abklingen zu lassen und einen Arbeitsprozess abzuschließen

Durchführung:
- Die Moderator/innen laden die Gruppe ein, mit den Stühlen in der Raummitte zusammenzurücken und einen geschlossenen Kreis zu bilden.
- Sie formulieren eine einfache Frage, die visualisiert werden kann.
- Der Reihe nach nehmen die Teilnehmer/innen in knapper Form dazu Stellung.
- Die Moderator/innen schließen das Rundgespräch mit einer eigenen Stellungnahme ab.
- Während des Rundgesprächs werden die Aussagen nicht kommentiert. Die volle Aufmerksamkeit liegt bei der Teilnehmerin, die gerade spricht.
- Nach Abschluss des Rundgesprächs überlegen die Moderator/innen, welche Schlüsse sie aus dem Gesagten ziehen. Wenn es Konsequenzen für den weiteren Arbeitsprozess hat, teilen sie das der Gruppe mit.

Beispielfrage für ein Rundgespräch:

Mit welchem Ergebnis bin ich heute besonders zufrieden?

Erläuterung und Varianten:
Um die Übergänge zwischen den Redner/innen eindeutig zu gestalten, können Sie einen Gegenstand herumreichen lassen. Er symbolisiert das Wort, das derjenige »hat«, der den Gegenstand gerade in der Hand hält. Der Gegenstand hilft auch dabei, die wichtigste Spielregel des Rundgesprächs einzuhalten: Es redet immer nur eine/r!

11 Beispiele für Moderationssequenzen

Dieses Kapitel enthält mehrere Bespiele für moderierte Besprechungen. Zum Teil habe ich die Moderationssequenzen so schon durchgeführt, andere sind für dieses Buch entwickelt worden. Das bedeutet, dass Sie die Beispiele nicht ungeprüft und für jeden Fall übernehmen können. Wichtig ist die vorherige Analyse der Situation (vgl.: Hinweise zur Vorbereitung der Moderation ab S. 45).

Offene Teambesprechung

Situation:
Die nachfolgende Moderationssequenz ist thematisch unspezifisch. Sie kann als Musterverlauf dienen und in der konkreten Situation vielfach abgewandelt werden.

Einpunktfrage:

Wieviel Lust habe ich auf die heutige Besprechung?

viel ———————— wenig

Zuruf-Frage:
Welche Themen stehen heute zur Besprechung an?

Themenspeicher bilden:
Diskussion und Festlegung von Zeitbedarf und Reihenfolge

Diskussion:
Informationen und Diskussion zu den einzelnen Themen; Eintragung der Ergebnisse in die letzte Spalte des Themenspeichers

Tätigkeitskatalog:
Übertragung der Themen, die Handlungsschritte nach sich ziehen, in einen Tätigkeitskatalog; Moderieren und Ausfüllen des Tätigkeitskatalogs

Abschluss:
Stimmungsbarometer

Auswahl von Bewerber/innen

Situation:
Für die neu geschaffene ABM-Stelle »Soziale und psychologische Beratung« haben sich drei Bewerberinnen in der Vorauswahl qualifiziert. Weil es eine Querschnittsaufgabe ist, sollen alle Teammitglieder in die endgültige Entscheidung einbezogen werden.

Einpunktfrage:

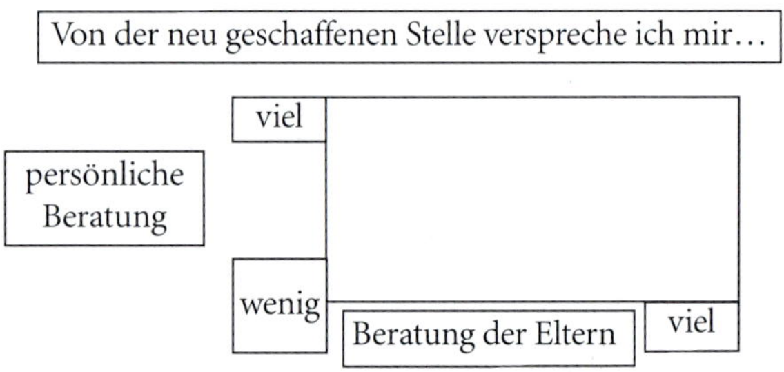

Kartenabfrage:
Nach welchen Kriterien sollen die Kandidatinnen beurteilt werden?

Mehrpunktabfrage:
Welche Kriterien sind die wichtigsten?

Kleingruppenarbeit:
Bearbeiten Sie bitte die folgende Vier-Felder-Tafel für je eine Bewerberin anhand der Bewerbungsunterlagen!

Name der Bewerberin

Welche Kriterien sind erfüllt?	Wodurch sind diese Kriterien erfüllt?
Welche sonstigen wichtigen Erfahrungen liegen vor?	Gibt es Nachteile für die Bewerberin? Welche?

Plenumdiskussion:
Vorstellung der Arbeitsergebnisse durch die Kleingruppe. Nachfragen und Diskussion.

Einpunktfrage:
Für welche Bewerberin spreche ich mich aus – A, B oder C? Eine Entscheidung ist gefallen, wenn eine Bewerberin mindestens die Hälfte aller Stimmen auf sich vereint.

Abschluss:
Vereinbarungen zum weiteren Vorgehen (Bekanntgabe der Entscheidung, Erstkontakt)

Planung zum Thema »Sommerfest« (vgl. S. 70ff)

Situation:

Das Sommerfest wird in der Einrichtung seit vielen Jahren mit großem Erfolg und viel Engagement in der Vorbereitung gefeiert. Die Gestaltung läuft inzwischen mit Routine ab – ein Grund für das Team, sich über neue Möglichkeiten Gedanken zu machen.

Einpunktfrage:

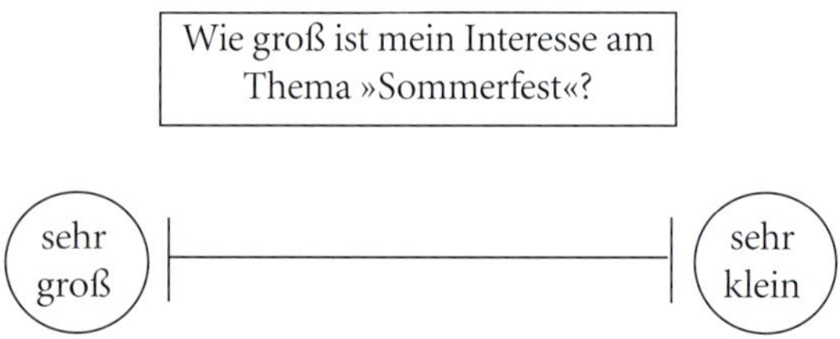

Zuruf-Frage:
Was könnten wir tun, damit möglichst wenige Familien das nächste Sommerfest besuchen?

Kartenabfrage:
Welche Ideen habe ich für neue Elemente auf unserem Sommerfest?

Mehrpunktfrage:
Welche Ideen sollten auf jeden Fall verwirklicht werden?

Kleingruppenarbeit:
Entwickeln Sie eine Beschreibung Ihres Sommerfest-Programmpunktes und einen Tätigkeitskatalog für die Vorbereitung!

Moderation des Tätigkeitskatalogs:
Welche Aufgabe wird von wem, mit wem, bis wann und wie übernommen?

Abschluss:
Einpunktfrage:

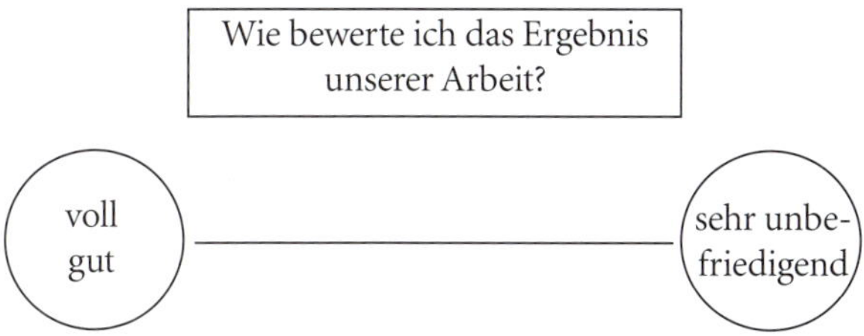

Einführung der Kollegialen Beratung

Situation:
Zwei Teammitglieder haben an einer Weiterbildung zum Thema »Kollegiale Beratung« (vgl. S. 119) teilgenommen. Ziel der Teambesprechung ist es, Möglichkeiten für die Umsetzung des Konzepts zu finden.

Information:
Visualisierter Kurzvortrag: Was ist und was will die Kollegiale Beratung?

Zuruf-Frage:

Was soll bei uns durch Kollegiale Beratung vor allem verbessert werden?

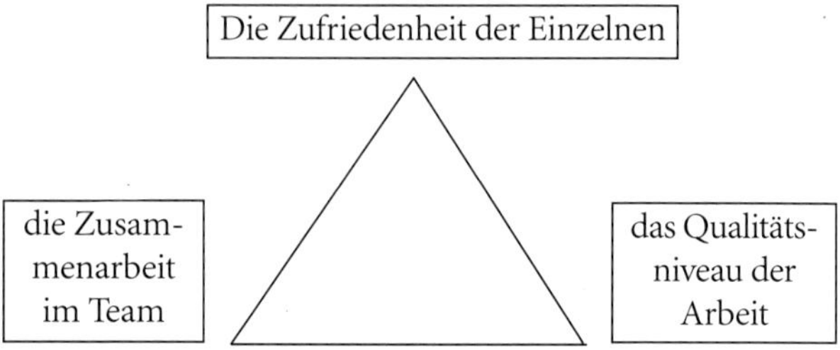

Zuruf-Frage:
Wann wird Beratung angenommen und als hilfreich erlebt?

Kartenabfrage:
Welche Ideen habe ich, um in unserer Einrichtung Kollegiale Beratung zu etablieren?

Mehrpunktfrage:
Welche von diesen Ideen halte ich für die erfolgversprechendsten?

Kleingruppenarbeit:
Entwickeln Sie einen Ablaufplan zur Einführung der Kollegialen Beratung!

Plenumdiskussion und Entscheidung

Abschluss:
Rundgespräch zum Ablauf der Sitzung

Projektplanung in der Kleingruppe

Situation:
Eine Kleingruppe hat den Auftrag, ein Projekt zum Thema »Sonne, Mond und Sterne« zu planen. Das Team möchte damit die Bildungsarbeit der Einrichtung bereichern.

Einpunktfrage:
Wie interessiert bin ich selbst an einem Wissenszuwachs über astronomische Fragen?

sehr stark	stark	teils – teils	weniger	gar nicht

Zuruf-Frage:
Woran könnten wir erkennen, dass wir ein erfolgreiches Projekt durchgeführt haben?

Kartenabfrage:
Welche Ideen habe ich für Arbeitsmöglichkeiten im Projekt?

Erörterung in der Kleingruppe:
Entwicklung einer Themen- und Tätigkeitsliste, strukturiert nach den Arbeitsschritten eines Projekts (Einsteigen – Erkunden – Entscheiden – Handeln – Abschluss)

Plenum (einige Tage später):
Präsentation der Liste

Leitungswechsel

Situation:
In wenigen Wochen beginnt die neue Leiterin ihre Arbeit. Das Team möchte seine Vorstellungen und Fragen in die Phase des gegenseitigen Kennenlernens einbringen.

Einpunktfrage:

Wie beurteile ich die neue Situation?

ungewiss, heikel	————————	voller neuer Möglichkeiten

Zuruf-Frage/Fragenspeicher:
Sammeln und Visualieren eines Fragespeichers: Welche Fragen haben wir an die neue Leitung?

Mehrpunktfrage:
Welche von den Fragen sind am wichtigsten?

Kleingruppenarbeit (zu inhaltlichen Fragestellungen):
Bearbeiten Sie für Ihre Fragestellung die folgende Vier-Felder-Tafel:

Fragestellung

Welche Erfahrungen stehen hinter der Frage?	Wie hätten wir es gerne?

Plenum und Abschluss:
Präsentation der Kleingruppenergebnisse; Entwicklung einer Themenliste für die erste gemeinsame Teamsitzung; Verteilung von Aufgaben

Elternversammlung

Situation:
Das Team möchte mit interessierten Eltern gemeinsam überlegen, wie die Gestaltung von Elternabenden verbessert werden könnte.

Einpunktfrage:
(Eltern und Erzieher/innen erhalten verschiedenfarbige Punkte.)

Wie beurteile ich die bisherigen Elternabende?

gut ———————————— schlecht

Zuruf-Frage (in zwei Spalten):
Welches Interesse haben Eltern an Elternabenden; was erwarten Erzieher/innen von den Veranstaltungen?

Kartenabfrage:
Welche Ideen habe ich, um die Elternabende interessanter zu gestalten?

Mehrpunktfrage (mit verschiedenfarbigen Punkten):
Welche der Ideen sollten wir als erste umsetzen?

Moderieren des Tätigkeitskatalogs:
Welche Idee wird von wem, mit wem und bis wann umgesetzt? Wie kontrollieren wir das?

Abschluss:
Einpunktfrage (mit verschiedenfarbigen Punkten):

Wie zufrieden bin ich mit dem Ergebnis des Treffens?				
sehr zufrieden	zufrieden	teils – teils	weniger zufrieden	gar nicht zufrieden

Diskussion eines Vortrags

Situation:
Ein Fachberater referiert über Formen und Erfahrungen mit der grossen Altersmischung in Kindergruppen. Die Moderation soll die anschliessende Diskussion effektiver gestalten.

Einpunktfrage (vor dem Referat):

Das Thema der heutigen Sitzung			
finde ich sehr interessant	finde ich interessant	finde ich nicht so interessant	finde ich sehr uninteressant

Information und Kartenabfrage:
Während der Fachberater sein Referat hält, notieren die Teilnehmer/innen Fragen auf Moderationskarten.

Nach dem Ende des Referats entscheidet sich jede für ihre drei wichtigsten Fragen; diese werden eingesammelt und an der Pinwand geclustert.

Mehrpunktfrage:
Welche Themen sind am wichtigsten?

Kleingruppen:
Diskutieren Sie Ihr Thema und erstellen Sie eine Thesenliste.

Plenum:
Präsentation der Kleingruppenergebnisse

Abschluss:
Rundgespräch zum Thema: Welcher Gedanke ist jetzt für mich der wichtigste?

Teamanalyse

Situation:
Es herrscht eine schlecht greifbare Unzufriedenheit vor, die Arbeitsatmosphäre und der Arbeitseifer sind gedämpft. Die Situation soll untersucht werden.

Einpunktfrage:

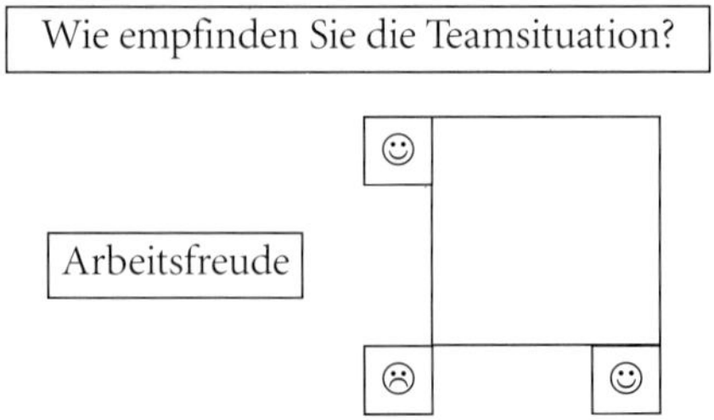

Kartenabfrage (Bildung von Zweiergruppen):
Was stört mich an unserer Teamarbeit?

Mehrpunktabfrage:
Was sollten wir am dringlichsten verändern?

Kleingruppenarbeit:
Entwickeln Sie für Ihr Thema ein Lösungsszenario nach folgendem Schema:

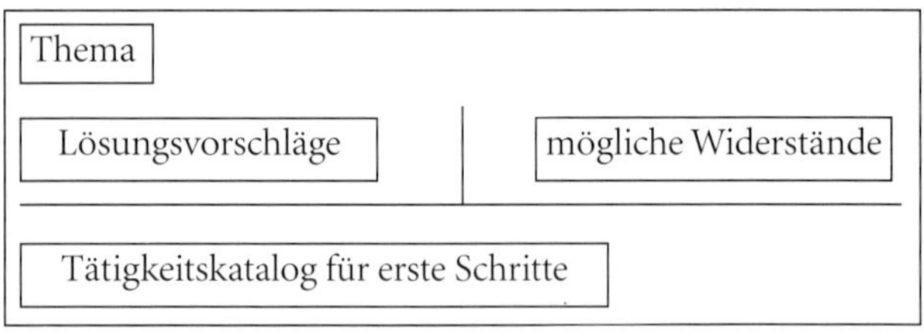

Plenum:
Präsentation der Kleingruppenergebnisse, Diskussion, Moderation der Tätigkeitskataloge

Abschluss:
Stimmungsbarometer

12 Hintergründe der Moderationsmethode

Die Moderationsmethode wurde in einer Zeit entwickelt, in der es in (West-) Deutschland gärte. Nach einer Zeit der Restauration und Stagnation kam es in den sechziger Jahren zu Aufbrüchen. Der patriarchalische Obrigkeitsstaat wurde kritisiert, Rufe nach mehr politischer Mitbestimmung und Emanzipation in allen Lebensbereichen wurden laut. Dass die Stagnation auch wirtschaftliche und wissenschaftliche Folgen hatte, war durch den »Sputnikschock« und internationale Vergleiche des Bildungsniveaus deutlich geworden.

Die heutige Situation der Bundesrepublik am Beginn des 21. Jahrhunderts weist in Ost wie West einige Parallelen mit der damaligen Zeit auf: Auch heute sind materielle und geistige Folgen von paternalistischen Systemen zu überwinden; unter globalisierten Vorzeichen sind Kreativität und Erfindergeist wieder neu gefragt.

Die Erfindung der Moderationsmethode am Anfang der siebziger Jahre beruhte auf einem demokratisch gesinnten gesellschaftspolitischen Anliegen. Die Methode wurde entwickelt, um herkömmliche Entscheidungsarten (einer regiert, die anderen folgen) zu überwinden. Zwar waren in den sechziger Jahren die festgefahrenen Rituale der Parteidemokratie kritisiert worden; aber damit waren noch keine Wege gefunden, auf denen man die Forderung »mehr Demokratie wagen« wirklich einlösen konnte. Radikale Experimente – wie die Kommunen zur »Revolutionierung des bürgerlichen Subjekts« – scheiterten oder waren nicht übertragbar, die eingespielten Verhaltensmuster erwiesen sich als zäh und waren allein durch einen Willensakt nicht zu überwinden.

Die Entstehung der Moderationsmethode wird von ihren Erfindern so geschildert:

»Diese (schwierigen, L. P.) Erfahrungen beschränkten sich nicht auf die mehr oder weniger politischen Bewegungen. Die sechziger Jahre hatten auch ein neues Verständnis von der Planbarkeit sozialer Prozesse gebracht... Im Entscheidertraining wurden die Entscheider einerseits (meist die Hierarchien) mit Betroffenen andererseits zusammengebracht und in die Lage versetzt, gemeinsam kreative Lösungen zu finden.

Zu diesem Zeitpunkt trafen wir auf Eberhard Schnelle und verbanden seine Erfahrungen in Wirtschaft und Verwaltungen mit unseren Erfahrungen in Hochschule und Politik. Es folgten einige Jahre intensiver Kreativität,... in der sich langsam das herauskristallisierte, was wir heute »Moderations-Methode« nennen: eine Mischung aus Planungs- und Visualisierungstechniken, aus Gruppendynamik und Gesprächsführung, aus Sozialpsychologie, Soziologie, Betriebs- und Organisationslehre mit einem Verständnis von sozialen und psychischen Prozessen, die sich an Erkenntnisse und Erfahrungen der Humanistischen Psychologie anlehnen...

1973 war der Prozess des Erfindens und Experimentierens so weit gediehen, dass die ersten Moderatoren-Trainings stattfinden konnten.« (Klebert u.a., S. 7ff)

Der Moderationsmethode liegt die Erkenntnis zugrunde, dass die Akzeptanz von Entscheidungen sowohl an Verfahrens- als auch an Verhaltensfragen hängt. Die Komplexität moderner Verhältnisse erlaubt es nicht mehr, Entscheidungen allein innerhalb eines Systems abgehobener Experten- oder Politbürokratien zu treffen. Damit rückt das Verhältnis von Planern oder Leitungskräften zu den Betroffenen in den Mittelpunkt. Die Moderationsmethode gibt den Betroffenen eine Stimme, fordert für den Arbeitsprozess Gleichrangigkeit. Eine zentrale Aufgabe der Moderator/innen liegt deshalb darin, diese Gleichrangigkeit zu garantieren.

Eine gute Moderation verdankt sich zwei Parteien, nämlich der Gruppe als verantwortlich Arbeitenden und Entscheidenden und den Moderator/innen als Unterstützern dieses Prozesses.

Dazu noch einmal Klebert u.a. (S. 8):

»Mehr und mehr rückten in der Folgezeit die Techniken in den Hintergrund, wurde die Haltung des Moderators zu den Menschen und zu den Problemen zum Angelpunkt der ModerationsMethode. Im Gegensatz zum Lehrer, Trainer oder Vorgesetzten hat der Moderator gewissermaßen eine Hebammenfunktion: Er hilft der Gruppe, sich selbst zu verstehen, ihre Ziele und Wünsche zu formulieren, Lösungen zu erarbeiten und die Umsetzung sicherzustellen. Die Moderationstechniken sind sein Handwerkszeug, während der Moderationsprozess eher etwas mit künstlerischer Gestaltung zu tun hat: Er verlangt Intuition und Einfühlungsvermögen.«

Es gibt zahlreiche Querbezüge von der Moderationsmethode zu anderen Konzepten. Die wichtigsten sehe ich zu folgenden Konzepten:

- Konzept des partnerschaftlichen, partizipativen, demokratischen oder **konsensuellen Führungsstils**: Die gruppendynamischen Forschungen von Kurt Lewin in den dreißiger Jahren erwiesen die Überlegenheit des demokratischen Leitungsstils (zu Weiterentwicklungen vgl. den TOP-Band »Teamentwicklung«, S. 70ff).
- Konzept der **»Themenzentrierten Interaktion«** (TZI): Die TZI formuliert als Aufgabe an eine Arbeitsgruppe, die Bedürfnisse der Einzelmitglieder, der Gruppe und des Themas in einer Balance zu halten (vgl. S. 107). Innerhalb der Moderation wird ebenfalls versucht, neben der Orientierung auf die Aufgaben die affektiven, sozialen und intellektuellen Bedürfnisse der Teammitglieder sowie gruppendynamische Prozesse zu berücksichtigen.
- Theorien und Konzepte, die die **Ganzheitlichkeit von**

Lernprozessen favorisieren. Dazu gehören die Erkenntnisse vom links- und rechtshemisphärischen Denken, das Konzept der Förderung emotionaler Intelligenz und Methoden des Lernens mit allen Sinnen.

- Konzepte der Organisationsentwicklung, die die **Kultur** der Einrichtung in den Mittelpunkt stellen. Kriterien eines solchen Kulturbegriffs sind unter anderem die Transparenz von Entscheidungsprozessen, der Umgang der Teammitglieder miteinander (Respekt vs. Abwertung) oder das Maß an gegenseitig gewährter Unterstützung.
- Konzept der **Lernenden Organisation**: Eine Lernende Organisation ist in der Lage, auf der Basis von Fehlerfreundlichkeit Krisen grundsätzlich als Chance zum Lernen zu begreifen. Die Mitglieder des Teams werden ermuntert, auch ungewöhnliche Lösungen zu suchen und den Alltag als laufende Herausforderung ihrer Kreativität zu verstehen.

13 Gesprächsführung: Grundlagen und Hinweise

Im diesem Kapitel finden Sie Erkenntnisse aus der Kommunikations- und Gruppenforschung, verbunden mit Hinweisen für Sie als Gesprächsleiter/in. Sie werden dabei feststellen, dass viele dieser Erkenntnisse in der Moderation umgesetzt werden.

Checkliste zur Gestaltung von Dienstbesprechungen

Die nachfolgende Checkliste kann Ihnen dabei helfen, in regelmäßigen Abständen die Rahmenbedingungen und den Arbeitsstil Ihrer Besprechungen zu überprüfen.

Räumliche Bedingungen

- Haben die Mitarbeiter/innen genügend Platz und »Luft zum Atmen«?
- Ist für jede/n Mitarbeiter/in eine geeignete Sitzgelegenheit vorhanden?
- Ist die Sitzordnung so gestaltet, dass alle einander sehen können?
- Erlauben Raum und Sitzordnung die Bildung von Kleingruppen und die Anwendung aktivierender Gesprächsformen?

Zeitliche Bedingungen

- Ist der Zeitpunkt so gewählt, dass alle betroffenen Mitarbeiter/innen teilnehmen können?

- Sind Zeitpunkt und Zeitdauer so gewählt, dass Konzentration möglich ist?

Tagesordnung

- Ist die Tagesordnung bekannt?
- Gibt es Formen der Partizipation bei der Aufstellung der Tagesordnung (Vorbesprechung auf der vorangehenden Besprechung; Aushang einer offenen Liste; Absprachen zu Beginn der Sitzung usw.)?
- Ist die Länge der Tagesordnung angemessen für die zur Verfügung stehende Zeit?
- Entsprechen Tagesordnung und Teilnehmer/innen einander, sind also genau die Personen anwesend, die diese Themen etwas angehen?

Gesprächsleitung

- Gibt es eine Gesprächsleitung?
- Werden bei hoher Beteiligung Rednerlisten geführt, so dass alle zu Wort kommen können?
- Werden alle Mitarbeiter/innen darin unterstützt, (themenbezogen) die Gesprächsleitung zu übernehmen?
- Stellt die Gesprächsleitung die für die Beratung und Entscheidung notwendigen Informationen zur Verfügung? Wird über Vorentscheidungen informiert?
- Werden Konflikte und Kritik zugelassen?
- Welche Entscheidungsformen sind bei Ihnen gebräuchlich (Konsens-, Mehrheits-, Leitungs-, »Avantgarde« – Entscheidung)? Werden diese Entscheidungsmöglichkeiten flexibel genutzt?
- Werden klare Entscheidungen getroffen?
- Wird ein Kontrollkriterium vereinbart (Zeitpunkt, Person, Sachstand)?

Methodik

- Wird bei der Weitergabe von Informationen vermieden, dass »Zeitfresser« entstehen, indem in geraffter und übersichtlicher Form (z.B. schriftlich) informiert wird?
- Werden bei Themenerarbeitungen (Situationsanalysen, Reflexionen, Diskussionen über Streitpunkte) geeignete Gesprächsmethoden ausprobiert (Kleingruppenarbeit, Pro-und-Contra-Gespräch, bildhafter Gesprächseinstieg etc.)?
- Sind vor allem in größeren Teams durchgehend Beratungen in »Murmelgruppen« möglich?
- Erlaubt die Bearbeitung des Themas das Sammeln und Beurteilen von Informationen, bevor eine Entscheidung zu treffen ist?

Visualisierung und Dokumentation

- Sind Visualisierungsmöglichkeiten vorhanden (Flipchart; Moderationswand; Tafel)?
- Werden sie genutzt?
- Wird die Dienstbesprechung protokolliert?
- Sind die Protokolle allen Betroffenen zugänglich?
- Werden Protokolle überprüft (auf Richtigkeit; auf Maßnahmen-Erledigung)?

Quelle: Hedi Colberg-Schrader/Ludger Pesch (Institut für den Situationsansatz): Materialien zur Qualitätssicherung

Verständlichkeit

Eine Forschungsgruppe von Psychologen entwickelte Anfang der siebziger Jahre das so genannte Hamburger Verständlichkeitskonzept (s. Schulz von Thun, 1993, S. 140ff). Ausgangsfrage war, wie Informationen verständlich gestaltet werden können. Die Gruppe fand heraus, dass sich verständliche Informationen durch vier Kriterien auszeichnen. Sie können diese Erkenntnisse nutzen, um die Informationsweitergabe und -verarbeitung in Besprechungen besser zu gestalten.

Die vier Kriterien für Verständlichkeit:

- **Einfachheit:**
  Die Information erfolgt in kurzen Sätzen und mit bekannten Worten. Die Sprache ist anschaulich, Fachbegriffe werden, wenn nötig, erläutert.
- **Gliederung:**
  Die Informationen werden übersichtlich gegliedert. So findet sich der Empfänger leicht zurecht.
- **Kürze:**
  Die wesentlichen Informationen werden in angemessener Zeit mitgeteilt, Weitschweifigkeit wird vermieden.
- **Zusätzliche Anregung:**
  Damit sind Aspekte gemeint, die auch die Emotion des Hörenden ansprechen. Sie bilden das »Salz in der Informationssuppe« und stimulieren zu innerer Beteiligung.

Wie Sie feststellen werden, berücksichtigt die Moderationsmethode diese Kriterien. Sie zwingt durch ihre Spielregeln zu einer knappen, präzisen Sprache, gliedert die Informationen in der Visualisierung in eine übersichtliche Form und beinhaltet zahlreiche Formen, die die Beteiligung aller Teilnehmer anregen.
Überprüfen Sie mittels dieser Kriterien Ihre Informationsvorhaben oder die Gestaltung Ihrer schriftlichen Mitteilungen

(Anordnungen, Rundschreiben, Publikationen). Stellen Sie Arbeitsgruppen, die in Ihrer Einrichtung gebildet werden, diese Hinweise zur Gestaltung von Präsentationen zur Verfügung.

Die vier Kriterien waren übrigens auch wichtige Stichworte bei der Konzeption dieser TOP-Buchreihe. Sie können nun überprüfen, ob und wie weit die Autor/innen sich daran halten.

Ausbalanciertes Gesprächsverhalten in der Gruppe – das TZI-Modell

Im Konzept der **»Themenzentrierten Interaktion«** (TZI) betont Ruth Cohn die Verantwortung des Menschen für sich selbst, für die Mitmenschen und in Arbeitszusammenhängen für die gemeinsame Aufgabe sowie die Umwelt. TZI ist ein Verfahren zum lebendigen Lernen und Arbeiten in Gruppen auf der Basis eines humanistischen Menschenbildes.

TZI – Strukturmodell

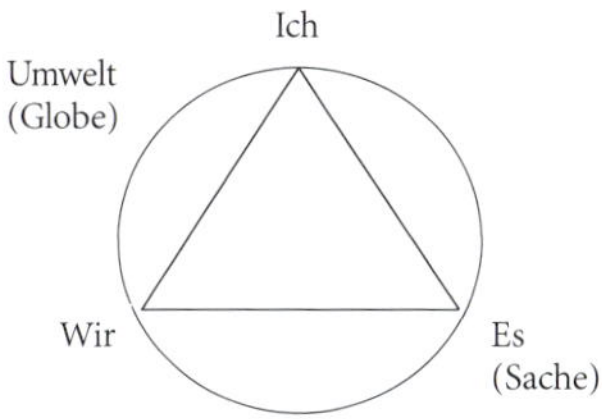

Der Kreis, in dem sich die Faktoren Ich – Wir – Es befinden, steht für die Umwelt der Gruppe. Alle vier Bezugspunkte beeinflussen sich gegenseitig. Lebendiges Lernen findet nach Ruth Cohn dann statt, wenn auf mittlere Sicht alle Faktoren ausbalanciert werden. Störungen treten auf, wenn ein Faktor einseitig betont wird, indem zum Beispiel ein Thema ohne Rücksicht auf die Interessen der Teammitglieder »durchgepaukt« wird oder ein Gruppenmitglied über längere Zeit die Aufmerksamkeit der Gruppe für sich allein fordert. Die Moderationsmethode verfolgt vergleichbare Ziele wie die TZI.

Im TOP-Band »Teamentwicklung« finden Sie einen Teamtest auf der Basis des TZI – Modells (S. 122f.). Hinweise für Situationen, die sich zu einem Konflikt auszuweiten drohen, finden Sie im TOP-Band »Konfliktmanagement«.

Spielregeln für Besprechungen

Für jede Besprechung gelten Spielregeln. Sie können überprüfen, ob diese Spielregeln allen Teammitgliedern bekannt und welche weiteren Spielregeln nützlich sind.

Die folgenden möglichen Spielregeln für Besprechungen stammen aus unterschiedlichen Kommunikationslehren und Situationen. Nicht jede ist immer sinnvoll – wählen Sie die für Sie und die jeweilige Situation nützlichen Regeln aus.

- Drücken Sie persönliche Meinungen auch persönlich aus. Sagen Sie »ich« statt »wir« oder »man«.
- Wenn Sie eine Frage an eine andere Person stellen, erklären Sie, was diese Frage für Sie bedeutet.
- Es spricht immer nur eine/r. Wenn mehrere gleichzeitig sprechen wollen, muss man sich zunächst über den Gesprächsverlauf einigen.
- Die Gesprächsleiterin führt eine Redner/innen-Liste. Sie teilt das Rederecht zu.
- Die Gesprächsleitung wechselt, so dass alle einmal diese Funktion ausüben.
- Niemand fällt einem anderen Teammitglied ins Wort.
- Sollte es Ihnen zu lange dauern, bis Ihre Wortmeldung berücksichtigt wird, zeigen Sie dies bitte nonverbal an (zum Beispiel durch das Handheben mit einer Karte).
- Beziehen Sie in Ihre Wortmeldungen die bisher benannten Gesichtspunkte anderer Teilnehmer ein.
- Formulieren Sie Kritik als Kritik an der Sache und begründen Sie Ihren Standpunkt.
- Jeder ist für sein Verhalten selbst verantwortlich.
- Fragen Sie möglichst bald nach, wenn Sie etwas nicht verstanden haben.

- Was besprochen wird, bleibt in diesem Raum.
- Die Ergebnisse werden protokolliert.
- Das Protokoll wird allen zugänglich gemacht (in einem zentralen Ordner, binnen einer bestimmten Frist).

Störungen menschlicher Kommunikation

Menschliche Kommunikation kann derart misslingen, dass sich Verhaltensstörungen entwickeln können. PAUL WATZLAWICK hat mit seinen Kolleg/innen solche Phänomene untersucht und dazu Thesen formuliert (WATZLAWICK u.a.), die das Nachdenken über proffessionelle Kommunikation bis heute entscheidend beeinflussen.

WATZLAWICK und seine Kolleg/innen nennen ihre Thesen **»pragmatische Axiome der Kommunikation«**:

1. **Man kann nicht nicht kommunizieren.**
   Kommunikatives Verhalten hat kein Gegenteil. Handeln oder Nichthandeln, Sprechen oder Schweigen: Alles hat Mitteilungscharakter. Wer sich durch Schweigen der Debatte vermeintlich entzieht, löst oft zusätzliche Unruhe bei den anderen aus: »Warum sagt sie nichts?«

2. **Jede Kommunikation hat Inhalts- und Beziehungscharakter.**
   Mitteilungen enthalten nicht nur einen Sachinhalt, sondern auch einen Hinweis darüber, wie der Absender die Beziehung zwischen sich und dem Empfänger sieht. Beispiel: »Pass auf, die Ampel schaltet gleich auf Grün!« In der Antwort reagiert der Empfänger oft besonders stark auf diesen Beziehungsaspekt: »Spar dir die Bemerkung. Du bist nicht mein Fahrlehrer!«

3. **Die Natur einer Beziehung ist durch die Interpunktion der Beteiligten bedingt.**
   Interpunktion stellt die Struktur der Kommunikation her, sie kreist oft um die Frage: »Wer hat angefangen?« In Streitfällen setzt jeder Kommunikationspartner seine eigene Interpunktion: »Du hast mich zuerst angegriffen, ich verteidige mich nur!«

4. **Menschliche Kommunikation setzt sich zusammen aus digitalen und analogen Signalen.**
   Digitale Signale wie Wörter und Zahlen können komplexe Sachverhalte ausdrücken, können jedoch den Beziehungsaspekt nur sehr ungenau ausdrücken. Analoge Signale sind dagegen schwach in der Darstellung komplexer Zusammenhänge. Ohne entsprechende analoge Zeichen (Mimik, Gestik oder entsprechende Taten) können Mitteilungen sogar verdächtig wirken (Beispiel: »Ich liebe Euch doch alle!«, mit unbewegtem Gesicht vorgetragen).

5. **Jede Kommunikation beruht entweder auf Gleichheit (»Symmetrie«) oder Ungleichheit (»Komplementarität«) der Kommunikationspartner.**
   Gleichheit bedeutet, das die Partner auf einer gleichen Ebene miteinander kommunizieren, zum Beispiel im Austausch von gemeinsamen Projekterfahrungen. Komplementäre Kommunikation beruht dagegen auf einander ergänzenden Ungleichheiten, zum Beispiel im Verhältnis von erfahrenen und unerfahrenen Kolleg/innen oder von Leitung und Mitarbeiter/in.

Diese Axiome können Sie nutzen, um Gesprächs- und Interaktionsstörungen zu erkennen oder zu vermeiden. Solche Störungen treten dann auf, wenn sich die Kommunikationspartner, bezogen auf diese Axiome, uneins sind über die Gesprächssituation. Wenn zum Beispiel

- eine Kollegin glaubt, sich durch Schweigen oder vermeintliches Nichtverstehen der Verantwortung für eine Frage zu entziehen (Problemfall 1. Axiom);
- ein Gespräch dadurch zum Konflikt führt, das ein Mitarbeiter unerbetene Ratschläge von vermeintlich Besserwissenden zurückweist (Problemfall 2. Axiom);
- sich Mitarbeiter/innen gegenseitig Kränkungen vorwerfen (Problemfall 3. Axiom);
- Sie als Leiter/in spüren, dass Ihr Auftreten Widerstand hervorruft, obwohl Ihnen niemand das offen sagt (Problemfall 4. Axiom);
- Sie als Leiter/in einvernehmlich führen wollen, das Team aber darauf besteht, Hinweise zu bekommen, wo »es langgehen« soll (Problemfall 5. Axiom).

Die vier Seiten einer Nachricht

Friedemann Schulz von Thun unterscheidet **vier Aspekte einer zwischenmenschlichen Botschaft**. In der Analyse treten diese vier Aspekte nebeneinander auf, im wirklichen Leben »hören« wir jedoch meist nur einen Teil von ihnen. Das kann zu Missverständnissen, Streitfällen oder sogar Handlungen mit fatalen Folgen führen. Es ist deshalb gut,

- sich in der Kommunikation mit allen vier Seiten einer Nachricht zu befassen,
- sich im Hören mit allen »vier Ohren« zu üben und mit Hilfe dieses Schemas Metakommunikation zu betreiben.

Die vier Nachrichtenebenen:

- **der Sachinhalt:** Worüber informiere ich?
- **die Selbstoffenbarung:** Was gebe ich über mich selbst preis?
- **die Beziehungsaussage:** Wie sehe und bewerte ich unser Verhältnis?
- **der Appell:** Was soll der andere tun?

Im Kommunikationsquadrat sind diese vier Seiten dargestellt:

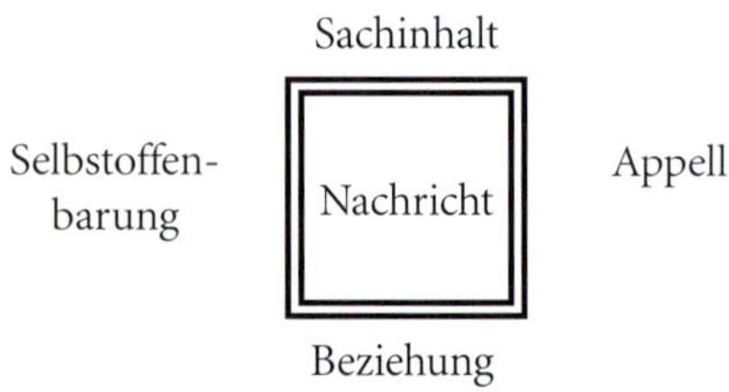

nach Schulz von Thun, 1993 a, S. 14

Während der »Sender« eine Botschaft mit diesen vier Bestandteilen übermittelt, kann sie gleichzeitig vom Empfänger auf diesen vier Ebenen entschlüsselt werden. Das ist mit dem »Hören mit den vier Ohren« gemeint.

Ein Beispiel veranschaulicht das:
Eine Kollegin sagt zu Ihnen über ein Kind Ihrer Gruppe: **»Luis hat sich heute auf dem Spielplatz aber ganz schön verschrammt.«**
Was könnten die vier Botschaften sein, was könnten Sie hören?

	Nachricht	**Gehörtes**
Sachinhalt	Luis hat Schrammen.	Luis hat Schrammen.
Selbstoffenbarung	Ich bin eine aufmerksame Beobachterin.	Sie ist jemand, der immer Angst hat, dass sich die Kinder verletzen könnten.

	Nachricht	Gehörtes
Beziehung	Du brauchst jemanden, der dir sagt, dass du etwas zu locker mit der Aufsicht umgehst.	Sie will mir ihre Angst überstülpen.
Appell	Achte etwas besser auf deine Kinder.	Sie will, dass ich ihre Maßstäbe übernehme und die Kinder niemals allein lasse.

Sicherlich finden Sie als Leser/in noch andere Interpretationsmöglichkeiten.

Das Beispiel zeigt, wie wichtig es ist, sich über den gemeinten Inhalt zu verständigen. Das fängt damit an, dass Sie vermeintliche Sachaussagen mit einer Angabe darüber verbinden, was Sie mit der Aussage noch bezwecken.

Innerhalb von Besprechungen kann es deshalb sehr nützlich sein, solche Bedeutungsebenen zu erfragen, also **Metakommunikation** zu betreiben. Als Gesprächsleiter/in sollten Sie sich dafür verantwortlich fühlen. Mögliche Formen sind:

- »Ich verstehe nicht, was Sie uns damit sagen wollen...«
- »Ich höre, dass Sie wollen, dass wir uns über Fragen der Aufsichtspflicht unterhalten. Ist das richtig oder meinen Sie etwas anderes?«
- »Ich höre eine Abwertung des Verhaltens Ihrer Kollegin. Können Sie Ihre Sicht auf dieses Verhalten bitte noch mal erläutern?«

14 Weitere aktivierende Verfahren für Besprechungen

Herkömmliche Gespräche und Diskussionen haben eine Reihe von Nachteilen: Es sprechen vor allem die Wortgewaltigen; die Interaktionsdichte ist gering, weil zur selben Zeit immer nur eine Person reden kann; oft drehen sich Gespräche im Kreis und es wird nur in seltenen Glücksfällen etwas wirklich Neues im Gespräch herausgefunden. Personalisierte Varianten eines ungünstigen Gesprächsverhaltens enthält folgende berühmt gewordene Grafik:

Streiter	Positive	Alles-wisser	Red-selige	Schüch-terne	Ableh-nende	Uninte-ressierte	Das gro-ße Tier	Aus-frager
Sachlich und ruhig bleiben. Die Gruppe veranlassen seine Behauptung zu widerlegen.	Ergebnisse zusammenfassen lassen. Bewusst in die Diskussion einschalten.	Die Gruppe auffordern zu seinen Behauptungen Stellung zu nehmen.	Taktvoll unterbrechen, Redezeit festlegen.	Leichte direkte Fragen stellen, sein Selbstbewusstsein stärken.	Seine Kenntnisse und Erfahrungen anerkennen.	Nach seiner Arbeit fragen, Beispiele aus seinem Interessengebiet geben.	Keine direkte Kritik üben, »ja-aber«-Technik.	Seine Fragen an die Gruppe zurückgeben.

(Abb. S. 114 aus: »Wir machen mit, Arbeitsgemeinschaft der deutschen Schülervertretungen, Koblenz, Nr 4, S. 4.)

Aktivierende Verfahren versuchen, diesen Mängeln abzuhelfen durch Gesprächsformen und -regeln, die einen Rahmen dafür schaffen, dass auch ungewöhnliche Ideen gefunden und formuliert werden. Nicht jedes Thema, das in Ihrer Einrichtung zu diskutieren ist, werden Sie mit einer kompletten Moderationssequenz bearbeiten. In diesem Kapitel werden einige effektive und zugleich unaufwändige Methoden beschrieben, die Sie im Rahmen von moderierten Besprechungen oder unabhängig davon nutzen können.

Brainstorming

Beim Brainstorming werden kommentarlos und spontan Einfälle gesammelt. Kritik von Einfällen (»Das ist doch Quatsch!«) ist verboten, alle Einfälle sind zunächst gleichwertig. Die gegenseitige Inspiration ist ein wichtiger kreativitätsfördernder Aspekt. Für das Brainstorming gelten sinngemäß dieselben Verfahrensregeln wie für die Zuruf-Frage (s. S. 71).

Brainwriting/Methode 6-3-5

Brainwriting ist eine Weiterentwicklung des Brainstorming in schriftlicher Form. Auch hierbei spielen Spontaneität und ein gewisser Zeitdruck eine treibende Rolle.

Der zweite Name der Methode (»6-3-5«) gibt bereits verkürzt wieder, wie sie abläuft: In einer Kleingruppe schreiben **sechs Teilnehmer/innen** zu einer vorgegebenen Frage jeweils **drei Lösungsideen** untereinander. Sie haben dafür fünf Minuten Zeit. Jede Idee wird durch Herumreichen der Blätter und »Weiterspinnen« **fünfmal ergänzt**, konkretisiert oder modifiziert. Zum Schluss hält jedes Gruppenmitglied seine ursprünglichen Ideen wieder in der Hand, die insgesamt fünfzehnmal weitergedacht wurden.

Für das Brainwriting bereiten Sie Formulare nach folgendem Muster vor:

Wie können wir uns auf das Teamseminar zum Thema »Qualitätsentwicklung« vorbereiten?					

In einer Auswertungsrunde werden die Ideen vom Team bewertet (zum Beispiel mit Hilfe einer Mehrpunktfrage) und weiterentwickelt.

Die Pro-und-Contra-Diskussion

Ziele einer Pro-und-Contra-Diskussion können sein:

- viele Aspekte zu erschließen, die in einem Thema stecken,
- den Perspektivenwechsel zu üben,
- aktive Interessenvertretung und Formulierungsfähigkeit zu üben,
- strittige Entscheidungen vorzubereiten.

Für die **Durchführung** wird das Thema klar formuliert, oft als Frage, und visualisiert. Themenbeispiele:

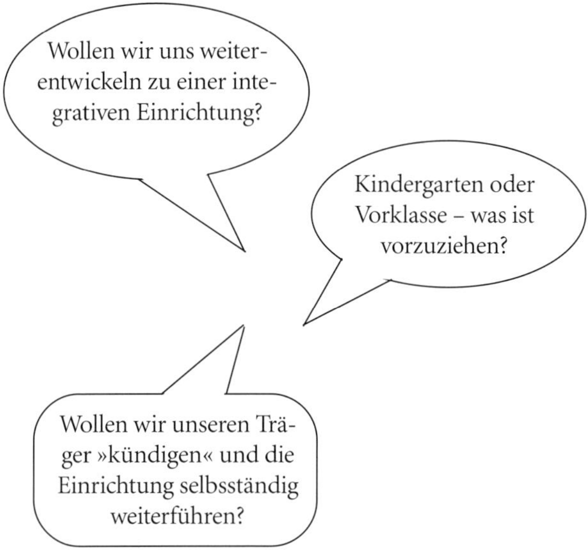

Anschließend bilden sich zwei Gruppen: Eine vertritt die Pro-Argumente, die andere die Gegenposition. Dann sammeln beide Gruppen getrennt voneinander Argumente für den jeweiligen Standpunkt. In der folgenden Diskussion werden die Argumente wechselseitig ausgetauscht, bevor sie in einer Auswertungsrunde (zum Beispiel in einem Rundgespräch) gewichtet werden.

Varianten: Je nach Gruppengröße kann die Diskussion vor einer dritten Gruppe als Publikum veranstaltet werden, die dann das auswertende Rundgespräch durchführt.

Beide Gruppen ernennen Delegierte, die die Gruppe in einem Fish-Bowl (s. TOP-Band »Teamentwicklung«, S. 113f.) vertreten.

Es kann interessant sein, wenn die Gruppenmitglieder nicht für ihren momentanen persönlichen Standpunkt streiten, sondern bei der Pro-und-Contra-Diskussion die gegenteilige Position vertreten. Das unterstützt den Perspektivenwechsel und erleichtert eventuell die Teamentscheidung in einer strittigen Frage, weil sich die Kontrahenten mit der Gegenposition identifizieren mussten.

Fallbesprechung

Die sorgfältige Beobachtung von Kindern und die Auswertung dieser Beobachtungen sollten eine wichtigen Platz in der pädagogischen Planung einnehmen (vgl. COLBERG-SCHRADER/PESCH). Solche Fallbesprechungen können mit folgenden Schritten ergiebiger werden:

- **Bericht**
  Die betreffenden Kolleg/innen stellen das Kind vor. Sie schildern möglichst anschaulich konkrete Beobachtungen. Die entscheidenden Stichworte werden schriftlich festgehalten. Der Vortrag der Kollegin/des Kollegen wird nicht unterbrochen. Aufgabe der Gruppe ist es, aufmerksam zuzuhören.

In den nächsten zwei Phasen hören dann die Berichterstatter/innen lediglich zu:

- **Innere Wahrnehmungen schildern**
  In einem Rundgespräch teilen alle Mitglieder mit, was der Bericht in ihnen ausgelöst hat: Stimmungen, Gefühle, Erinnerungen...
  Diese Phase kann ergänzt werden durch die **Identifikation**

Die Teilnehmer/innen schlüpfen dabei in die Rolle einzelner Beteiligter (Kinder, Erzieher/in, Eltern; Raum, Einrichtungsgegenstände) und teilen aus dieser Perspektive ihre Wahrnehmungen mit.

- **Äußere Wahrnehmungen zum Bericht**
  Die Gruppenmitglieder teilen mit, was ihnen an der Falldarstellung aufgefallen ist. Deutungen werden noch nicht gegeben.

- **Durcharbeiten der Informationen**
  In dieser Phase sind alle Beteiligten gemeinsam auf der Suche nach Erklärungen, Verständnis und Bewertungen der geschilderten Situation(en). Dabei können Auswertungsraster (wie in Colberg-Schrader/Pesch) oder entsprechende Auszüge aus der Konzeption helfen.

- **Planung der Weiterarbeit**
  Die Planung der weiteren pädagogischen Arbeit sollte vor allem in der Verantwortung der dem Kind nahe stehenden Erzieher/innen liegen. Die Form der Kollegialen Beratung kann dabei hilfreich sein.

Kollegiale Beratung

Die Kollegiale Beratung macht sich – ebenso wie die Moderationsmethode – die Selbstbestimmungskompetenz der Menschen zunutze und verbindet sie mit der aktivierenden Funktion von Fragen. Es gibt viele Formen Kollegialer Beratung, am häufigsten arbeite ich mit dem folgendem Setting.

- Innerhalb von Besprechungen bilden sich **Kollegiale Beratungsgruppen** von drei bis fünf Mitgliedern. Im Alltag versteht sich eine entsprechende Gruppe von Kolleg/innen als

Kollegiales Beratungsgremium. (Sollte ein Bereichsteam mehr Mitglieder umfassen, teilt es sich auf oder bildet ein stummes Publikum, das sich durch Visualisieren nützlich macht).

- Innerhalb der Gruppe gibt es folgende **Funktionen**:
  A – Ratsuchender (eine Person)
  B – Berater (eine oder zwei Personen)
  C – Spielregelberater und Zeitnehmer, eventuell Visualisierer (eine oder zwei Personen)

- Für die Teilnehmer/innen einer Beratungsgruppe gelten folgende Spielregeln:
  Berater: Die Berater stellen lediglich Fragen. Diese Fragen sollen der Ratsuchenden helfen, ihr Problem deutlicher zu erkennen, tiefer zu fühlen, klarer zu formulieren. Solche Fragen können sein:
  – Was berührt dich an deinem Problem besonders?
  – Wie sieht dein Gegenüber die Situation?
  – Wann hast du das Problem erstmals bemerkt?
  – Wie äußert sich das Problem?
  – Was würde passieren, wenn du alles so weiter laufen ließest?
  – Welche Lösungsmöglichkeiten hast du schon ausprobiert?
  – und viele andere mehr...

  Verboten sind rhetorische Fragen (Hast du es schon einmal mit ... versucht?), Bewertungen (Das ist aber eine vertrackte Situation!) und das Erzählen eigener Erfahrungen und Geschichten (Dabei fällt mir ein, dass ich neulich so etwas Ähnliches erlebt habe. Also das war so, pass auf ...).
  Die Ratsuchende muss ständig im Mittelpunkt stehen. Die Berater/innen dürfen sich auch nicht von »Verführungen« durch die Ratsuchende (Sage mir, wie ich's machen soll!) beirren lassen.
  Spielregelberater: Sie achten auf die Einhaltung der Spiel-

regeln durch die Berater/innen. Sollten die Spielregeln nicht eingehalten werden (und das passiert anfangs häufig), reagieren Sie lediglich mit einem kurzen, vereinbarten Signal wie »Stopp!« oder »Achtung: Spielregel!«

Zeitnehmer: Sie kontrollieren die Einhaltung der zuvor vereinbarten Zeit für die Beratung. Eventuell kündigen Sie das Ende der Beratung einige Minuten vorher an. Anfangs sollten Sie wegen der Beanspruchung der Berater/innen eine Beratungszeit von maximal 15-20 Minuten vereinbaren.

Ratsuchende: Wie immer in der Beratung gibt es für Ratsuchende im Grunde keine Regel. Ratsuchende sind, wie sie sind: abgeklärt oder hysterisch, selbstbewusst, verzweifelt oder alles auf einmal. Es ist Aufgabe der Kollegialen Berater, die Selbstlösungskompetenz zu stimulieren.

- Beenden Sie die Kollegiale Beratung mit einer Feedback-Runde. Die Ratsuchenden können dabei berichten, welche Fragen ihnen besonders weitergeholfen haben. Die Berater können von ihren Erfahrungen, Erkenntnissen und Gefühlen während der Beratung berichten.

Die Kollegiale Beratung kann zu einem wichtigen Beitrag ihrer Besprechungskultur werden. Sie verhilft dann nicht nur den Einzelnen zur eigenständigen Lösung ihrer Aufgaben, sondern auch dem gesamten Team dazu, seine Fähigkeiten zur Selbsthilfe zu entdecken.

Denkhüte

Die Unterscheidung von sechs verschiedenen Denkweisen geht auf Eduard de Bono zurück, einen »Papst« der Kreativitätsforschung. De Bono beschreibt sechs Arten, die jeweils einen speziellen Zugang zu einer Frage kennzeichnen und die er mit je einem Hut in einer bestimmten Farbe verbindet. Dieses Schema können Sie für ein Spiel oder eine Übung nutzen.

Zweck der Übung könnte sein:

- ein Thema ganz gezielt aus unterschiedlichen Blickwinkeln zu betrachten
- Gesprächsblockaden aufzulösen
- neue Ideen zu finden
- Selbsterkenntnis der Teammitglieder oder des Teams als systemische Einheit

Eduard de Bonos sechs Denkhüte sind:

Weißer Hut: Weiß als neutrale Farbe symbolisiert objektives Denken. Eine typische Annäherung an die Frage kann lauten: »Wie sehen die Fakten in dieser Angelegenheit aus?«

Roter Hut: Rot steht für Feuer und Wärme und symbolisiert das emotionale Denken. Wer einen roten Hut trägt, argumentiert mehr »aus dem Bauch heraus« als mit dem Kopf.

Schwarzer Hut: Schwarz steht für Strenge und Negativität. Menschen mit dem schwarzen Hut sehen eher das Hinderliche auf dem Weg zu einer Problemlösung. Ein typischer Einwand ist: »Die erforderlichen Mittel kriegen wir kaum zusammen«. Oder: »Bevor wir das anpacken, sollten wir noch mal gründlich überlegen, was schief gehen könnte.«

Gelber Hut: Gelb als Farbe der Sonne symbolisiert die Position des Optimismus. Leute mit einem gelben Hut könnten zum Beispiel sagen: »Ich bin überzeugt, dass die Leute sich für ein besseres Angebot auch mehr interessieren.«

Grüner Hut: Grün symbolisiert Wachstum und steht als Hutfarbe für eine Denkweise, die gern das Neue sucht: »Warum versuchen wir nicht mal einen anderen Weg?«

Blauer Hut: Die Farbe Blau steht für den Himmel und symbolisiert eine Denkweise, die versucht, Überblick zu bekommen. Der Träger des blauen Hutes sammelt Meinungen und fasst Erkenntnisse zusammen.

Es leuchtet ein, dass alle Denkweisen ihre Berechtigung haben und es deshalb von Nutzen ist, sie gleichwertig anzuwenden. Das können Sie im Team auf mehrere Weisen nutzen:

- Als spielerische Einübung in das Sechs-Hüte-Modell können Sie zu einem Thema mit einer Kleingruppe eine Diskussion führen. Dabei wäre Einseitigkeit zu erleben, wenn alle Gesprächsteilnehmer/innen sich den gleichen Hut aufgesetzt hätten und sich zum Beispiel als Träger/innen des gelben Huts wechselseitig in ein »Wolkenkuckucksheim« hineinsteigerten. Umgekehrt wäre zu erleben, wie verschieden die Gruppe ist und wie gut sich die einzelnen Mitglieder ergänzen, wenn jede Denkweise in der Gesprächsgruppe vertreten wäre, am besten gekennzeichnet durch einen entsprechenden Hut. Die Hüte können im Laufe des Gesprächs wechseln. Andere Kolleg/innen könnten die Argumente auf Plakaten schriftlich festhalten.
- Analysieren Sie, welche Denkweisen in Ihrem Team stark vertreten sind und welche weniger. Nutzen Sie Ihr Wissen beispielsweise für Maßnahmen der Teamentwicklung oder bei der Neueinstellung. (Auch der schwarze Hut hat seine

Berechtigung. Er kann Sie vor dem »Abheben« mit anschließendem Absturz bewahren.) Diese Analyse können Sie auch für sich selbst vornehmen. Bestimmen Sie dabei, wie stark jede der beschriebenen Denkweisen bei Ihnen ausgeprägt ist. Wenn Sie wollen, können Sie das Ergebnis Ihrer Überlegungen als Diagramm darstellen.
- Sollten Sie im Laufe einer Diskussion feststellen, dass eine bestimmte Denkweise vorherrscht, können Sie durch die gezielte Zugabe eines oder mehrerer Hüte zusätzliche Aspekte in die Debatte einführen.

Force – Fit -Übung

Force – Fit (mögliche Übersetzung: überzeugende Kraft) wirkt durch Momente des Wettbewerbs und des Zeitdrucks aktivierend. Das Spiel macht Spaß, es wird eingesetzt, um
- Themen aus ungewöhnlichen Blickwinkeln zu betrachten,
- festgefahrene Debatten wieder zu beleben,
- den Spaß an einer Frage neu zu entdecken.

Durchführung: Für das Spiel wird wie immer zuerst die Frage klar formuliert und visualisiert. Dann bilden sich zwei Wettkampfteams (jeweils drei bis fünf Personen). Ein bis zwei andere Teammitglieder stellen das Schiedsrichterteam. Die beiden Teams sitzen einander gegenüber, die Schiedsrichter bleiben an der Seite. Das Spiel beginnt: Wechselseitig nennen die Wettkampfteams einen gegenständlichen Begriff, der nichts mit der zu lösenden Frage zu tun hat. Das jeweils andere Team entwickelt aus diesem Reizwort innerhalb von zwei Minuten Ideen zur Lösung. Gelingt ihm das aus der Sicht der Schiedsrichter, erhält es einen Punkt. Wenn nicht, bekommt das stichwortgebende Team den Punkt. Das Spiel wird in mehreren Runde gespielt, selten länger als dreißig Minuten.

Force – Fit – Beispiel:

Wie können wir als Einrichtung, die aus zwei Häusern fusioniert wurde, ein gutes Betriebsklima fördern?

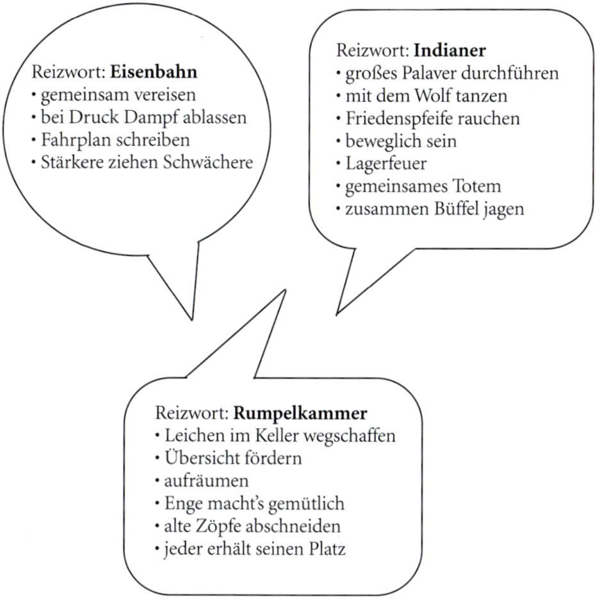

Die Lösungsideen werden visualisiert. In einer anschließenden Auswertungsrunde werden sie, etwa mit Hilfe einer Mehrpunktfrage, bewertet. In Kleingruppen werden aus den Ideen mit den meisten Punkten konkrete Lösungsvorschläge entwickelt.

Die Methode kann beeindruckende Energien entfesseln. Das völlig willkürlich gewählte Reizwort kann dabei die Benennung wirklich mutiger Lösungen provozieren und Aha-Momente auslösen. In der Rolle des Schiedsrichters können die Kolleg/innen zudem ihre Durchsetzungsfähigkeit erproben.

15 Regiekarten für die Moderation

Als Moderator/innen tragen Sie die Verantwortung für den methodisch sinnvollen Ablauf des Arbeitsprozesses. Gleichzeitig stehen Sie während der Moderation wie auf einer Bühne, sind stets im Sichtfeld der Gruppe. Da kann es immer wieder passieren, dass Sie vor Aufregung einen wichtigen Hinweis für die Gruppe vergessen oder die Reihenfolge auf den Kopf stellen. Während der Vorbereitung auf eine Moderation schreibe ich mir deshalb häufig den geplanten Verlauf auf Karteikarten, die mir beim Moderieren der einzelnen Arbeitsschritte helfen.
Auf den folgenden Seiten finden Sie »Regiekarten«, die Ihnen sowohl bei der Vorbereitung wie auch in der Moderation der Arbeitsschritte helfen können. Für jeden Arbeitsschritt gibt es eine eigene Karte. Am Schluss finden Sie ein leeres Formular für weitere Arbeitsschritte.

Jede Regiekarte ist nach demselben Schema aufgebaut:

<table>
<tr><td colspan="2">Name der Methode
Raum für Ihre Moderationsfrage</td></tr>
<tr><td colspan="2">Material, vorbereitete Medien</td></tr>
<tr><td colspan="2">Hinweise zur Durchführung</td></tr>
<tr><td>Visualisierungsformen</td><td>Raum für Ihre Notizen</td></tr>
</table>

Um damit zu arbeiten, kopieren Sie die Regiekarten und kleben Sie sie auf Karton.

Einpunktfrage

- *Jedes Gruppenmitglied erhält einen Klebepunkt*
- *Visualisierte Frage mit Skala*

- Die Moderator/innen erkundigen sich, ob die Frage von allen verstanden wird.
- Sie fordern dazu auf, die Frage individuell und stumm zu beantworten.
- Die Teilnehmer/innen machen durch ein Handzeichen deutlich, dass sie sich entschieden haben.
- Die Moderator/innen fordern die Gruppe auf, möglichst gleichzeitig nach vorne zu kommen und die Punkte zu vergeben.
- Das entstandene Bild wird besprochen; zunächst als Gesamtbild, dann werden einzelne Punkthäufungen (sofern vorhanden) kommentiert. Dabei wird keinesfalls die Anonymität des Verfahrens aufgehoben (»Wer hat denn diesen Punkt geklebt?«) Mögliche Fragestellungen sind:
  - »Was drückt dieses Bild für Sie aus?«
  - »Wie könnte man das interpretieren?«
  - »Welche Motive/Erfahrungen könnten hinter dieser Bewertung stecken?«
- Die Moderator/innen visualisieren die Kommentare der Teilnehmer/innen.

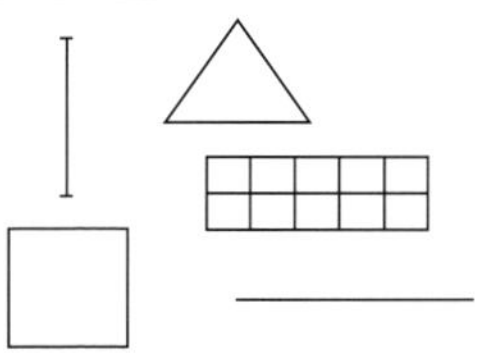

Zuruf-Frage

- *Visualisierte Frage*
- *Wandzeitung, in der Mitte unterteilt*

- Die Moderator/innen fordern die Teilnehmer/innen auf, ihnen spontane Einfälle zu dieser Frage zuzurufen.
- Die Zurufe werden in zwei Blöcken untereinander notiert.
- Wenn keine Zurufe mehr aus der Gruppe kommen, schlagen die Moderator/innen vor, diesen Arbeitsschritt zu beenden.

- Untereinanderschreiben der Zurufe

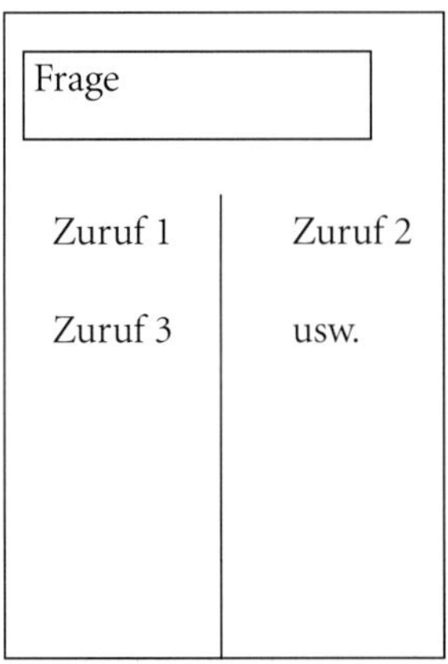

Kartenabfrage

- *Jedes Gruppenmitglied erhält Karten und einen Filzschreiber.*
- *Kartenanzahl pro Teilnehmer/innen:*
  bis zu 10 Tn 3-4 Karten; 11-15 Tn: 2-3 Karten; 16-20 Tn: 2 Karten
- *Visualisierung der Frage*
- *1 bis 2 Pinwände*

- Die Moderator/innen erläutern die Grundregeln der Schrifttechnik:
  - Maximal sieben Wörter in drei Zeilen
  - nur eine Aussage pro Karte
  - Halbsätze bilden
- Die Moderator/innen laden die Teilnehmer/innen ein, auf den Karten ihre Antworten zur Frage zu notieren. Auf jede Karte wird nur eine Antwort geschrieben.
- Die Moderator/innen sammeln die Karten ein.
- Nacheinander werden nun die Karten von den Moderator/innen vorgelesen und an die Pinwand geheftet. Zusammengehörende Antworten werden nebeneinander angebracht. Die Entscheidung darüber trifft die Gruppe.
- Am Ende wird diese Clusterbildung noch einmal überprüft. Zum Abschluss der Überprüfung umrahmen die Moderator/innen die einzelnen Cluster und geben ihnen eine Nummer oder – in Abstimmung mit der Gruppe – eine Überschrift.

- Cluster

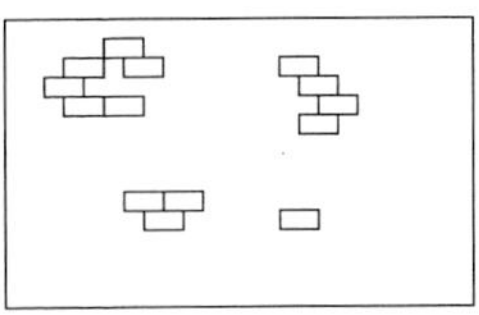

<table>
<tr><td colspan="2">Mehrpunktfrage</td></tr>
<tr><td colspan="2">– Jedes Gruppenmitglied erhält eine begrenzte Anzahl von Klebepunkten.
– Punktzahl pro Teilnehmer/innen: höchstens halb so viele wie Cluster, die zur Bewertung stehen
– Visualisierte Frage</td></tr>
<tr><td colspan="2">• Die Moderator/innen fordern die Gruppenmitglieder auf, individuell und ohne Austausch ihre Wahl zu treffen. Diese Entscheidung notieren die Teilnehmer/innen sich auf einem Notizzettel (Moderationskarte).
• Durch ein Handzeichen signalisieren die Teilnehmer/-innen, dass sie sich entschieden haben.
• Wenn alle ihr Signal geben, fordern die Moderator/innen auf, die Wahl durch möglichst gleichzeitiges Anbringen der Klebepunkte an den entsprechenden Clustern auf der Pinwand zu dokumentieren.
• Die Moderator/innen zählen die Punkte; die jeweilige Summe wird für alle erkennbar auf die Wandzeitung geschrieben.</td></tr>
<tr><td>– Bewertung von Clustern: auf markierter Fläche (Moderationskarte)
– Bewertung von Aussagen: in einer Tabelle</td><td></td></tr>
</table>

<table>
<tr><td colspan="2">Kleingruppen</td></tr>
<tr><td colspan="2">– Formulierung und Visualisierung des Arbeitsauftrags</td></tr>
<tr><td colspan="2">• Die Teilnehmer/innen heften ihr Namensschild an das Thema, an dem sie weiterarbeiten wollen.
• Die Gruppe klärt, ob arbeitsfähige Kleingruppen entstanden sind. Es sollten nicht mehr als fünf Personen eine Kleingruppe bilden. Wechsel sind jetzt noch möglich.
• Wenn die Gruppenbildung abgeschlossen ist, nehmen die Kleingruppen ihre Stichworte von der Pinwand ab.
• Jede Kleingruppe sucht sich einen Platz zum Arbeiten und richtet ihn ein. Es könnten sich fünf Minuten Schweigen anschließen, in der jedes Mitglied über die Aufgabe nachdenkt.
• Nach Ablauf der festgelegten Zeit kommen die Kleingruppen im Plenum zusammen und präsentieren ihre Ergebnisse.
• Das Plenum kommentiert und bearbeitet die Ergebnisse der Kleingruppen.</td></tr>
<tr><td>Kleingruppenergebnisse können sein:
– Produkt-/ Angebotsbeschreibung
– Tätigkeitskatalog
– Themen-/Fragenspeicher
– Empfehlungsliste
– u.a.</td><td></td></tr>
</table>

Tätigkeitskatalog

– *vorbereiteter Tätigkeitskatalog*

- Die Moderator/innen erläutern die Spalten des Tätigkeitskatalogs.
- In den nachfolgenden Schritten protokollieren die Moderator/innen die Zurufe der Gruppe. Es wird zunächst die Spalte »Was« ausgefüllt.
- Danach werden für die erste Tätigkeit die nächsten Spalten ausgefüllt, danach für die zweite Tätigkeit usw.
- Sollte sich niemand für eine bestimmte Tätigkeit finden, wird diese in eine Empfehlungsliste übertragen.

Schema für einen Tätigkeitskatalog:

Was?	Wer?	Mit wem?	Bis wann?	Wie?

Rundgespräch	
– *visualisierte Frage*	
• Die Moderator/innen laden die Gruppe ein, mit den Stühlen in der Raummitte zusammenzurücken und einen geschlossenen Kreis zu bilden • Sie formulieren eine einfache Frage, die visualisiert werden kann. • Die Teilnehmer/innen nehmen der Reihe nach in knapper Form dazu Stellung. • Die Moderator/innen schließen das Rundgespräch mit einer eigenen Stellungnahme ab. • Während des Rundgesprächs werden die Aussagen nicht kommentiert. Die volle Aufmerksamkeit liegt bei der Teilnehmerin, die gerade spricht. • Nach Abschluss des Rundgesprächs überlegen die Moderator/innen, welche Schlüsse sie aus dem Gesagten ziehen. Wenn es Konsequenzen für den weiteren Arbeitsprozess hat, teilen sie das der Gruppe mit.	
Sitzordnung: im Kreis	

16 Kommentierte Literaturliste

Mit der Literatur zu Arbeitsmethoden verhält es sich wie bei den Moderationsmaterialien: Nach oben ist die Preisspanne offen. In dieser Literaturliste finden Sie ausschließlich Bücher, die maximal 50 DM kosten. Die meisten der Bücher sind in mehreren Auflagen erschienen. Ich nenne die von mir zitierten Auflagen.

»Geld zu haben ist besser als arm zu sein. Und sei es auch nur aus finanziellen Gründen«

(Woody Allen)

I. Ergänzende Literatur zur Moderation

Klebert, Karin/Schrader, Einhard/Straub, Walter: KurzModeration. Hamburg, 1987

Klebert, Schrader und Straub gehören zu den Erfinder/-innen der Moderationsmethode. Das Selbstverständnis von Moderation und Moderator/innen wird kurz, aber eindringlich geschildert. Im Mittelpunkt dieses Buches stehen Beispielmoderationen aus vielen unterschiedlichen Anwendungsbereichen. Alle sind für kürzere Zeitspannen (bis zu einem halben Arbeitstag) entworfen worden.

Hartmann, Martin/Rieger, Michael/Pajonk, Brigitte: Zielgerichtet moderieren. Ein Handbuch für Führungskräfte, Berater und Trainer. Weinheim, 1997

Das Buch ist ein Band aus der empfehlenswerten Reihe »Beltz Weiterbildung«. Es zeichnet sich durch Anschaulichkeit und Übersichtlichkeit aus. Checklisten und viele Grafiken unterstützen die Leser/innen bei der Einübung und Vorbereitung.

Dauschner, Ulrich: Moderationsmethode und Zukunftswerkstatt. Neuwied, Kriftel, Berlin, 1996
Eine Einführung in die Moderationsmethode und zugleich ein Handbuch für die Gestaltung der Moderation (im »Doppelpack« mit einer Einführung in die Zukunftswerkstatt).

Seifert, Josef W.: Visualisieren – Präsentieren – Moderieren. Offenbach, 1998
Das Buch stellt methodische Fragen in den Mittelpunkt, ist pragmatisch orientiert und enthält anschauliche Visualisierungsbeispiele.

Langner-Geißler, Traute/Lipp, Ulrich: Pinwand, Flipchart und Tafel. Weinheim, 1991
Das Buch beschäftigt sich mit den Medien der Moderation. Zahlreiche Visualisierungsbeispiele.

II. Weitere Literatur (Kommunikation, Gesprächsführung, Organisations- und Teamentwicklung)

Pesch, Ludger/Sommerfeld, Verena: Teamentwicklung. Neuwied, Kriftel, Berlin, 2000
Der erste Band der Reihe »Team- und Organisationsentwicklung praktisch« (TOP) enthält zahlreiche Hinweise, Übungen und Checklisten, mit denen Veränderungsprozesse in Teams initiiert, gestaltet, beraten und evaluiert werden können.

Burchat-Harms, Roswitha: Konfliktmanagement. Neuwied, Kriftel, Berlin, 2000
Dieser Band der TOP-Reihe enthält zahlreiche Hinweise zum Verstehen von Konfliktfällen sowie Hilfen und Übungen für die Analyse und Klärung.

Colberg-Schrader, Hedi/Pesch, Ludger (Institut für den Situationsansatz): Materialien zur Qualitätssicherung. Hamburg, 2000
Verfahren und Instrumente, die eine selbstreflexive Praxis unterstützen und Qualitätsfragen in Einrichtungen kommunizierbar machen. Erarbeitet im Rahmen eines zweijährigen Forschungsprojekts. Bezugsadresse: Vereinigung Hamburger Kindertagesstätten, Oberstraße 14b, 20144 Hamburg

Kuhnt, Beate/Müllert, Norbert R.: Moderationsfibel Zukunftswerkstätten. Münster, 1997
Das Handbuch hilft bei der Planung, Anleitung und Auswertung von Zukunftswerkstätten. Auch bei dieser von Robert Jungk begründeten Methode steht das Vertrauen in die Problemlösungskompetenz der Gruppe im Vordergrund und hat die Visualisierung einen hohen Stellenwert.

Leupold, Eva Maria: Handbuch der Gesprächsführung. Problem- und Konfliktlösung im Kindergarten. Freiburg, 1997
Leupolds Hilfestellungen für unterschiedliche konfliktbezogene Gesprächssituationen basieren auf den Grundlagen der Humanistischen Psychologie. Besprochen werden u.a. Problemgespräche mit Eltern und im Team.

Kelber, Magda: Gesprächsführung. Opladen, 1975
Kelbers Buch war eines der ersten, in dem Gesprächsführung als »Ermöglichung« von Dialogen dargestellt und geeignete Methoden vorgestellt wurden.

Möhl, Werner: Besprechungs-Power. Vorbereitung, Steuerung, Zielorientierung. München, 1999
Das Buch will gestresste Manager ansprechen. Es enthält gezielte Hinweise, Besprechungen effektiv und zielorientiert zu gestalten.

Cohn, Ruth: Von der Psychoanalyse zur themenzentrierten Interaktion. Stuttgart, 1997
Eine Sammlung von Aufsätzen Ruth Cohns zur Entwicklung und zum Konzept der themenzentrierten Interaktion.

Schulz von Thun, Friedemann: Miteinander reden. Allgemeine Psychologie der Kommunikation (3 Bände). Reinbek b. Hamburg, 1993
Grundlagen zur Psychologie der menschlichen Kommunikation. Die Bücher sind verständlich geschrieben und versuchen, wissenschaftliche Befunde für den Alltag nutzbar zu machen.

Watzlawick, Paul/Beavin, Janet H./Jackson, Don D.: Menschliche Kommunikation. Formen, Störungen, Paradoxien. Bern, Stuttgart, Wien, 1980
Der Klassiker der modernen Kommunikationspsychologie: Darstellung und Untersuchung von Hypothesen (Axiomen), die Störungen der Kommunikation erklären.

Peter M. Senge: Die Fünfte Disziplin. Kunst und Praxis der lernenden Organisation. Stuttgart, 1996
Die »Bibel« zum Thema Lernende Organisation.

Daniel Goleman: Emotionale Intelligenz. München, 1997
Forschungsberichte zu einem Krisenphänomen moderner Entwicklung: der Trennung von Wissen und Gefühl.

Henningsen, Jürgen: Erfolgreich manipulieren. Methoden des Beybringens. Ratingen, 1994
Eine Untersuchung über historische und moderne Formen der Steuerung von Lernprozessen. Weniger zynisch als der Titel vermuten lässt, sondern in der Tradition der Aufklärung. Leider längst vergriffen.

III. Filmbücher

Hellmuth Karasek: Billy Wilder. Eine Nahaufnahme. Hamburg 1992

Biografie und Interview in einem. Köstliche Anekdoten, von Wilder selbst erzählt.

Eric Lax: Woody Allen. Eine Biografie. Köln 1992

Viele Antworten auf die spannende Frage: Wie autobiografisch sind Allens Filme wirklich? »Er war genauso abgebrüht und romantisch wie die Stadt, die er liebte.« (Aus »Manhattan«.)

Donald Spoto: Alfred Hitchcock. Die dunkle Seite des Genies. Hamburg 1984

Große Künstler müssen keine guten Menschen sein. Wir wissen das, hier erfahren wir es.

17 Stichwortverzeichnis

Stichwort	Seite
Abstimmung	26, 65, 82
Aufbau der Moderation	48ff, 62ff
Aufgaben der Gruppe	44
Brainstorming/Brainwriting	115
Besprechungsprotokoll	66
Bewerberauswahl	88ff
Budgetierung	18
Cluster	25, 59, 70, 73, 129
Demokratie	99ff
Denkhüte	122ff
Dienstbesprechung	103
Diskussion	79, 96
Eignung der Moderation	33ff
Einpunktfrage	13, 24ff, 64, 69f, 127
Elternbefragung	27

Elternversammlung	95f
Empfehlungsliste	46, 83
Entscheidungen	46f
Ergebnisarten	45f
Ergebnissicherung	66, 80ff
Fallbesprechung	118
Fragespeicher	83
Flipchart	20ff, 54
Force-Fit-Übung	124ff
Freifläche	60
Gruppenanalyse	47
Haltung der Moderator/innen	32, 36ff, 100f
Informelles Nachsitzen	29, 66
Kartenabfrage	25, 64, 72, 129
Kleingruppe	25, 65, 77, 93, 131
Kollegiale Beratung	91, 119
Kommunikation	109ff
Kompetenz der Gruppe	30ff, 44

Kontrakt	62f
Leitung	39
Leitungswechsel	94f
Lernende Organisation	102
Löcheranalyse	74
Maßnahmenplan	81
Materialien	49f, 53ff
Mehrpunktfrage	65, 75, 130
Menschenbild	36
Metakommunikation	113
Methode 6-3-5	115
Mitbestimmung	32f, 41ff
Moderationsmaterial	53ff
Moderationssequenz	48ff, 62ff, 87ff
Neutralität	38
Perspektivenwechsel	15, 70, 118
Pinwand	25, 53f
Präsentation	39ff

Pro-und-Contra-Diskussion	116ff
Protokoll	66
Prozessreflexion	84
Regeln für Moderator/innen	38ff
Richtlinien	46
Rundgespräch	85, 133
Schrifttechnik	58ff, 74, 129
16er- Liste	72
Sommerfest	17ff, 27ff, 90ff
Spielregeln	62, 108
Stimmungsbarometer	66, 84
Störungen	30, 109f
Tabelle	60
Tätigkeitskatalog	80ff, 132
Teamanalyse	47, 97f
Themenliste	22, 62, 71
TZI	101, 107
Qualitätssicherung	16ff, 21ff

Raumgestaltung	21, 50
Verständlichkeit	106
Vier-Felder-Tafel	60, 89
Visualisierung	51ff
Vorbereitung der Moderation	38, 45ff, 126
Vortrag	63, 92
Zeit	35
Zuruf-Frage	27, 71, 128

Über den Autor

Ludger Pesch, Jahrgang 1958, Dipl.-Pädagoge und Organisationsberater. Vater von zwei Kindern, lebt in Berlin.

Mitglied des »Instituts für den Situationsansatz«, des PFV und der »Nexwerk Serviceagentur«. Er war u.a. Leiter einer Kindertagesstätte und in den letzten Jahren mit Projekten zur Konzeptionsentwicklung und Qualitätssicherung befasst. Freiberuflich arbeitet er als Organisationsberater und in der Weiterbildung von Leitungskräften. Weiterbildungen u.a.: Moderation, Medienpädagogik, Gestalttherapie, Psychodrama, Improvisationstheater. Weitere Veröffentlichung in dieser Reihe: »Teamentwicklung« (zusammen mit Verena Sommerfeld)

Als Moderator, Dozent und Berater von Teamentwicklungs-Maßnahmen ist Ludger Pesch über die Adresse des Verlags ansprechbar.

NOTIZEN

NOTIZEN

NOTIZEN